Repères pratiques

Démarches quotidiennes

C. Bultez
D. Bultez

Nathan

Sommaire

août 2007 pour la présente édition – ISBN 978-2-09-160435-0

MODE D'EMPLOI

Divisé en six parties, l'ouvrage s'organise par doubles pages.
Chaque double page fait le point sur un thème.

À gauche

Une page de synthèse apporte toutes les informations pour comprendre le sujet de la double page.

À droite

Une page illustre le sujet abordé par un exemple précis et détaillé.

Le titre annonce le thème de la double page.

Le menu aide à repérer les six parties du livre.

Quelques lignes d'introduction cernent le sujet.

Des reproductions de documents officiels, des exemples.

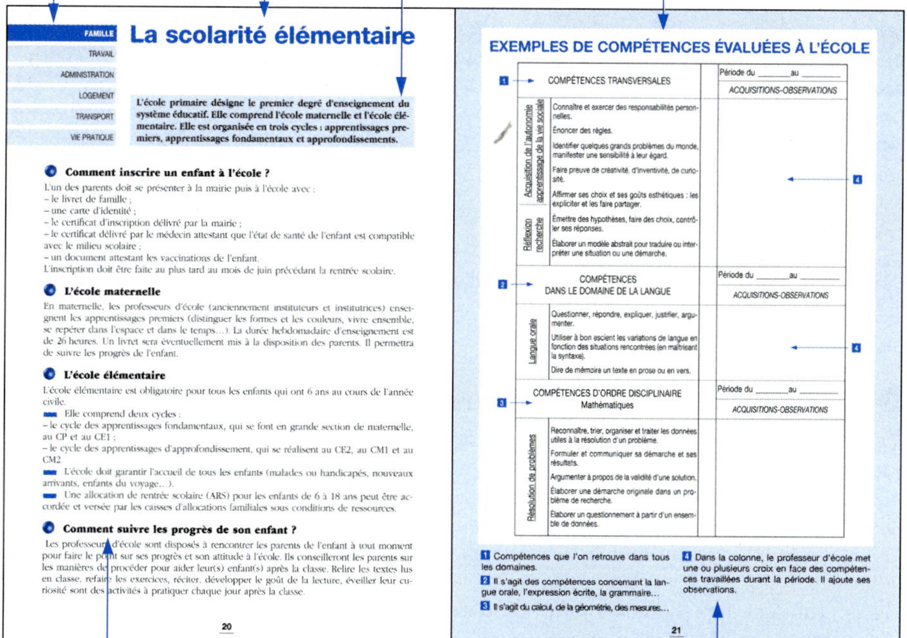

FAMILLE
TRAVAIL
ADMINISTRATION
LOGEMENT
TRANSPORT
VIE PRATIQUE

La scolarité élémentaire

L'école primaire désigne le premier degré d'enseignement du système éducatif. Elle comprend l'école maternelle et l'école élémentaire. Elle est organisée en trois cycles : apprentissages premiers, apprentissages fondamentaux et approfondissements.

Comment inscrire un enfant à l'école ?

L'un des parents doit se présenter à la mairie puis à l'école avec :
- le livret de famille ;
- une carte d'identité ;
- le certificat d'inscription délivré par la mairie ;
- le certificat délivré par le médecin attestant que l'état de santé de l'enfant est compatible avec le milieu scolaire ;
- un document attestant les vaccinations de l'enfant.

L'inscription doit être faite au plus tard au mois de juin précédant la rentrée scolaire.

L'école maternelle

En maternelle, les professeurs d'école (anciennement instituteurs et institutrices) enseignent les apprentissages premiers (distinguer les formes et les couleurs, vivre ensemble, se repérer dans l'espace et dans le temps...). La durée hebdomadaire d'enseignement est de 26 heures. Un livret sera éventuellement mis à la disposition des parents. Il permettra de suivre les progrès de l'enfant.

L'école élémentaire

L'école élémentaire est obligatoire pour tous les enfants qui ont 6 ans au cours de l'année civile.

- Elle comprend deux cycles :
  - le cycle des apprentissages fondamentaux, qui se font en grande section de maternelle, au CP et au CE1 ;
  - le cycle des apprentissages d'approfondissement, qui se réalisent au CE2, au CM1 et au CM2.
- L'école doit garantir l'accueil de tous les enfants (malades ou handicapés, nouveaux arrivants, enfants du voyage...).
- Une allocation de rentrée scolaire (ARS) pour les enfants de 6 à 18 ans peut être accordée et versée par les caisses d'allocations familiales sous conditions de ressources.

Comment suivre les progrès de son enfant ?

Les professeurs d'école sont disposés à rencontrer les parents de l'enfant à tout moment pour faire le point sur ses progrès et son attitude à l'école. Ils conseilleront les parents sur les manières de procéder pour aider leur(s) enfant(s) après la classe. Relire les textes lus en classe, refaire les exercices, réciter, développer le goût de la lecture, éveiller leur curiosité sont des activités à pratiquer chaque jour après la classe.

20

EXEMPLES DE COMPÉTENCES ÉVALUÉES À L'ÉCOLE

1 → COMPÉTENCES TRANSVERSALES			Période du ______ au ______ ACQUISITIONS-OBSERVATIONS
Acquisition de l'autonomie apprentissage de la vie sociale	Connaître et exercer des responsabilités personnelles. Énoncer des règles. Identifier quelques grands problèmes du monde, manifester une sensibilité à leur égard. Faire preuve de créativité, d'inventivité, de curiosité. Affirmer ses choix et ses goûts esthétiques : les expliciter et les faire partager.		← 4
Réflexion recherche	Émettre des hypothèses, faire des choix, contrôler ses réponses. Élaborer un modèle abstrait pour traduire ou interpréter une situation ou une démarche.		
2 → COMPÉTENCES DANS LE DOMAINE DE LA LANGUE			Période du ______ au ______ ACQUISITIONS-OBSERVATIONS
Langue orale	Questionner, répondre, expliquer, justifier, argumenter. Utiliser à bon escient les variations de langue en fonction des situations rencontrées (en maîtrisant la syntaxe). Dire de mémoire un texte en prose ou en vers.		← 4
3 → COMPÉTENCES D'ORDRE DISCIPLINAIRE Mathématiques			Période du ______ au ______ ACQUISITIONS-OBSERVATIONS
Résolution de problèmes	Reconnaître, trier, organiser et traiter les données utiles à la résolution d'un problème. Formuler et communiquer sa démarche et ses résultats. Argumenter à propos de la validité d'une solution. Élaborer une démarche originale dans un problème de recherche. Élaborer un questionnement à partir d'un ensemble de données.		

1 Compétences que l'on retrouve dans tous les domaines.

2 Il s'agit des compétences concernant la langue orale, l'expression écrite, la grammaire...

3 Il s'agit du calcul, de la géométrie, des mesures...

4 Dans la colonne, le professeur d'école met une ou plusieurs croix en face des compétences travaillées durant la période. Il ajoute ses observations.

21

Les sous-titres permettent de repérer les grands points du sujet.

Des notes renvoyant aux documents reproduits permettent de décrypter et de comprendre ces documents.

Le mariage

Le mariage n'est pas simplement affaire de cérémonies et de festivités. Certaines démarches administratives sont à effectuer avant de se marier. On ne pourrait unir deux personnes si certaines formalités n'étaient pas remplies.

Quelles sont les pièces à produire pour se marier ?

- Un extrait d'acte de naissance.

Il faut le demander à la mairie de la commune de naissance. Cet extrait doit avoir moins de 3 mois à la date du mariage.

- Une attestation qui certifie sur l'honneur l'indication des domiciles et un justificatif de ceux-ci (quittance EDF, reçu de loyer, feuille d'impôt...). Si l'un des futurs époux n'a qu'une résidence provisoire (hôtel, foyer, meublé...), il faut qu'il ait habité cette résidence de façon continue pendant un mois avant la date de publication du mariage.
- Un certificat prénuptial établi par un médecin.

Ce certificat doit avoir moins de 2 mois au jour de la publication du mariage.

- Une pièce d'identité en cours de validité : carte nationale d'identité, passeport, permis de conduire, livret de famille des parents...
- La liste des témoins du mariage et leur état civil. Il faut entre 2 et 4 témoins. Ces témoins doivent avoir plus de 18 ans.
- D'autres pièces doivent être fournies dans les cas particuliers suivants :

– si l'un des futurs époux est mineur ;
– si l'un d'eux est veuf ou divorcé ;
– s'ils ont signé un contrat de mariage ;
– si l'un des époux est étranger ;
– si les futurs époux ont déjà eu ensemble un ou plusieurs enfants et qu'ils veulent les légitimer ;
– si l'un des futurs époux est militaire.

Quels sont les droits et devoirs des nouveaux mariés ?

Les époux doivent respecter les droits et devoirs définis par le code civil, ce qui signifie que :
– ils se doivent fidélité, secours, assistance ;
– ils sont égaux en droit ;
– ils assurent la direction morale et matérielle de la famille et pourvoient à l'éducation des enfants ;
– ils contribuent aux charges à proportion de leurs facultés respectives ;
– ils peuvent chacun se faire ouvrir un compte bancaire ou d'épargne ;
– ils sont soumis à l'obligation d'une communauté de vie...

ATTESTATION DE DOMICILE

ATTESTATION SUR L'HONNEUR

1 → Je soussigné(e) ____________________
(Nom en majuscules) et prénoms

2 → née(e) le ____________ à ____________________
Date — *Commune et département*

atteste sur l'honneur

3 → ❒ avoir mon **domicile** sis ____________________
Adresse complète

depuis le ____________________

❒ avoir ma **résidence** sise ____________________
Adresse complète

depuis le ____________ jusqu'au ____________

4 → ❒ exercer la **profession** de ____________________

5 → ❒ être **célibataire**

❒ qu'un **jugement de séparation de corps** a été prononcé contre moi (ci-joint extrait du jugement)

❒ **ne pas** être **remarié(e)**

☒ cocher les lignes utiles

À ____________ le ____________

Signature

24-01-40 (8302)
IMPRIMERIES ≪ ADMINISTRATIVES CENTRALES
8, rue de Fustenberg - 75006 PARIS

1 Les prénoms doivent être inscrits dans l'ordre de l'état civil.
2 Date et lieu de naissance.
3 Le domicile est l'endroit où l'on vit officiellement.
4 Nom du métier exercé.
5 Seule la personne qui n'a jamais été mariée doit cocher cette case.

Le livret de famille

Le livret de famille est un document important. Il atteste le mariage, le divorce éventuel, la naissance, l'adoption et le décès des enfants. Les mentions relatives au régime matrimonial y figurent aussi. Il doit être conservé et mis à jour pendant toute la vie.

Quand le livret de famille est-il délivré ?

Le livret de famille est délivré :
– lors de la célébration du mariage ;
– lors de la déclaration de naissance du premier enfant lorsque la filiation est établie à l'égard d'au moins l'un des parents ;
– lors de la transcription sur les registres de l'état civil du jugement d'adoption d'un enfant par une personne seule.

Que contient le livret de famille ?

Il contient les extraits :
– de l'acte de mariage des époux ;
– de l'acte de décès des époux ;
– de l'acte de naissance des enfants issus du couple ou d'adoption ;
– de l'acte de décès des enfants mineurs issus du couple.
Le livret de famille contient aussi les mentions qui viendraient modifier l'état civil des époux comme le divorce, le décès, le changement de nom de famille, la séparation de corps.

Qui remplit le livret de famille ?

À chaque fois qu'un événement le rend nécessaire, il faut obligatoirement faire remplir le livret de famille. Seul un officier de l'état civil a le droit d'écrire sur le livret de famille.

Dans quels cas un second livret de famille est-il délivré ?

Un second livret de famille peut être délivré :
– lors d'un divorce à la demande de l'époux qui ne possède pas le livret de famille original ;
– en cas de perte, de vol ou de destruction du livret original ;
– en cas de changement dans la filiation ou de changement dans les noms et prénoms des personnes dont l'acte figure sur le livret.

EXTRAIT DU LIVRET DE FAMILLE

Époux ou père

1 → Prénoms ....
Nom ....

2 → Né le ...., à .... heures
à ....

3 → de ....
et de ....

Épouse ou mère

1 → Prénoms ....
Nom ....

2 → Née le ...., à .... heures
à ....

3 → de ....
et de ....

Mariage célébré à ...., le .... à .... heures

4 → Les futurs époux ont déclaré ....

....

Extrait délivré conforme à l'acte de mariage n° .... le..........................

Premier enfant
Extrait de l'acte de naissance n° .....

Le .... à .... heures

5 → est né(e)..

du sexe .... à ....

6 → reconnu(e) ....

7 → par ....

Délivré conforme aux registres le ....

L'officier de l'état civil ← 8

Sceau

1 Prénoms et noms du père et de la mère.

2 Date et lieu de naissance de chaque époux.

3 Prénoms et noms du père et de la mère de chaque membre du couple.

4 Formule qui sera indiquée : « qu'il n'a pas été fait de contrat de mariage » ou « qu'un contrat de mariage a été reçu le .... par Maître .... notaire à .... ».

5 Prénoms et nom de famille tels qu'ils figurent sur l'acte de naissance.
Le cas échéant, l'indication du nom sera complétée par : « suivant déclaration conjointe du ...... (date de la déclaration reçue pour le 1er enfant commun) ».

6 Date et lieu de la ou des reconnaissances.

7 Précision, selon le cas : « par le père », « par la mère » ou « par les père et mère ».

8 Personne de la mairie qui garantit que le document est officiel.

La naissance

La naissance d'un enfant est un événement important dans la vie d'un couple. Cependant, avant et après la naissance, il faut effectuer des démarches administratives sans lesquelles il est impossible de bénéficier des prestations familiales auxquelles on a droit.

Quelles démarches faut-il effectuer avant la naissance ?

Avant la naissance, il faut :
- déclarer la grossesse à la caisse d'assurance maladie et à la caisse d'allocations familiales avant la fin des 14 premières semaines de cette grossesse ;
- que la future mère passe sa première visite médicale avant la fin du 3e mois de grossesse ; puis, à partir du 4e mois de grossesse, la future mère passe chaque mois une visite médicale jusqu'à l'accouchement ;
- prévoir, si c'est nécessaire, un mode de garde pour l'enfant à naître.

Quelles démarches faut-il effectuer après la naissance ?

Après la naissance, il faut déclarer l'enfant à la mairie du lieu de naissance dans les trois jours qui suivent l'accouchement ; pour cela, il faut se rendre à la mairie. Si la naissance n'est pas déclarée dans ce délai, il faut alors se rendre devant un tribunal.
Remarque : pour tous les parents non mariés entre eux, la déclaration de naissance ne vaut pas reconnaissance, sauf pour la mère si elle est désignée dans l'acte de naissance de l'enfant. Pour établir le lien de filiation, une démarche de reconnaissance volontaire doit être effectuée.

À quoi a-t-on droit à la naissance d'un enfant ?

On a droit à la PAJE (prestation d'accueil du jeune enfant).
Cette prestation comprend :
- une prime à la naissance ;
- une allocation de base ;
- un complément du libre choix du mode de garde ;
- un complément du libre choix d'activité (si l'un des parents réduit ou cesse son activité pour s'occuper de l'enfant).

Quelles pièces faut-il fournir pour déclarer la naissance ?

Il faut fournir :
- le certificat de naissance remis par la maternité ;
- le livret de famille, si l'enfant est né hors mariage ;
- l'acte de naissance des parents (*cf.* p. 80-81).

PRESTATION D'ACCUEIL DU JEUNE ENFANT (PAJE)
COMPLÉMENT DE LIBRE CHOIX D'ACTIVITÉ

Vous avez au moins un enfant né, adopté ou recueilli en vue d'adoption depuis le 1er janvier 2005.

Vous ou votre conjoint ne travaillez plus ou exercez une activité professionnelle à temps partiel pour vous occuper de votre enfant.

Vous avez peut-être droit au complément de libre choix d'activité dont le montant dépend de votre activité professionnelle (actuelle et passée) et des enfants à votre charge.

Les conditions

Vous devez :

- avoir au moins un enfant de 3 ans à charge né depuis le 1er janvier 2005, ou avoir adopté ou recueilli en vue d'adoption un enfant depuis cette date ;
- avoir cessé de travailler ou travailler à temps partiel ;
- et justifier d'au moins huit trimestres de cotisations vieillesse (en continu ou non) validés au titre d'une activité professionnelle.

Pour un premier enfant	Pour deux enfants	Pour trois enfants ou plus
Dans les 2 années qui précèdent	Dans les 4 années qui précèdent	Dans les 5 années qui précèdent
La naissance, l'adoption ou l'accueil de l'enfant ouvre droit au complément de libre choix d'activité.	– La naissance, l'adoption ou l'accueil de l'enfant ouvre droit au complément de libre choix d'activité. – La cessation ou la réduction d'activité, si elle est postérieure à la naissance, l'adoption ou l'accueil de cet enfant, ouvre au complément.	

Le montant

Montants valables jusqu'au **30/06/07**

La prime est de **855,25 €**. Pour l'enfant adopté ou accueilli en vue d'adoption à compter du 1er août 2005, son montant est de **1 710,49 €**.

Elle est versée au cours du 7e mois de grossesse et, en cas d'adoption, le mois suivant l'arrivée au foyer ou le mois suivant l'adoption ou le placement en vue d'adoption si l'arrivée au foyer est antérieure.

En cas de naissances multiples, d'adoptions multiples ou d'accueils multiples en vue d'adoption, il est versé autant de primes que d'enfants nés, adoptés ou accueillis en vue d'adoption.

La prime n'est pas due en cas d'interruption de grossesse avant la fin du 5e mois suivant votre début de grossesse.

D'après le site de la CAF, 2007.

Le testament

Le testament est un document écrit par lequel une personne lègue ses biens à une ou plusieurs autres personnes. Il existe plusieurs formes de testament qui suivent des règles précises. Ne pas suivre ces règles peut entraîner la nullité du testament.

Quelles sont les formes courantes de testament ?

- Le testament olographe : ce testament est écrit, daté et signé de la main de son auteur (le testateur).
- Le testament authentique : ce testament est écrit par un notaire.

Cette forme de testament est utilisée quand le testateur ne sait pas écrire ou est trop malade pour pouvoir écrire lui-même.

Quelles sont les règles générales des testaments ?

- Toute personne peut faire un testament. Deux ou plusieurs personnes ne peuvent pas faire un testament unique car ce dernier n'aurait aucune valeur.

Il faut que chacune des personnes fasse son propre testament.
Si une même personne a fait plusieurs testaments, c'est le dernier en date qui compte.

- Un testament peut être révoqué, en tout ou partie. Cette révocation peut se faire par un testament postérieur (après la date du précédent testament) contenant une déclaration expresse de révocation. Cette révocation peut aussi provenir d'un nouveau testament contenant de nouvelles dispositions qui, sans annuler formellement les précédentes, sont incompatibles avec elles ou leur sont contraires.
- Il convient de dater et de signer le testament, sans quoi ce dernier perd toute valeur.

Par ailleurs, il est préférable de confier le testament à un notaire ; il est toutefois possible de confier le testament à une autre personne ou même de le garder chez soi.

Peut-on léguer par testament tout ce que l'on possède ?

- Il est possible de léguer tout ce que l'on possède à qui on veut si on n'a pas d'héritiers « réservataires ».

On appelle héritiers « réservataires » :
– les descendants, c'est-à-dire les enfants ou petits-enfants du testateur ;
– les ascendants, c'est-à-dire les parents ou grands-parents s'il n'existe pas de descendants ;
– le conjoint quand il n'existe ni descendant ni ascendant.

- On ne peut léguer à d'autres qu'une partie de ce que l'on possède lorsqu'on a des héritiers réservataires.
- La partie qu'une personne peut léguer à d'autres n'est pas la même selon le nombre d'héritiers réservataires de cette personne et le lien de parenté qui la lie à eux.

EXEMPLE DE TESTAMENT

Ceci est mon testament.

1 → Je soussigné Pierre ARNOULD, demeurant
2 → 3, Cité du Parc 56340 CARNAC, lègue
par ce testament :

– à Alexandre VILLETTE, demeurant
3 → 190 bis, rue Emile Zola 64100 BAYONNE,
4 → mon bureau américain et ma chambre à coucher.

– à Adrienne DUROY, demeurant
3 → 39, rue de la Monnaie 54400 LONGWY,
4 → ma salle à manger, mon horloge comtoise
et mon encyclopédie.

5 → Je déclare révoquer tous les autres
testaments que j'aurais pu rédiger
précédemment.

Fait et écrit entièrement de ma main
à CARNAC le 30 juillet 2002.

Pierre Arnould

1 Les femmes mariées ou veuves notent aussi leur nom de jeune fille.

2 L'adresse complète du testateur doit être indiquée.

3 Noter clairement les nom et adresse des personnes à qui on veut léguer ses biens ou certains de ses biens.

4 Énoncer clairement les différents objets.

5 Formule qui annule les testaments précédents.

Le décès

Perdre un proche est toujours douloureux. En plus de l'organisation des obsèques, certaines formalités administratives doivent être accomplies dans des délais très brefs. Si ces démarches ne sont pas effectuées dans les temps voulus, il n'est pas possible de procéder à l'inhumation du corps.

Quand et où déclarer un décès ?

- Il existe un délai maximum de 24 heures pour déclarer un décès.
- Un décès doit être déclaré à la mairie de la commune où ce décès a eu lieu. En cas d'appel à une entreprise de pompes funèbres, c'est elle qui fera les démarches. Si le décès survient à l'hôpital, c'est celui-ci qui fera la déclaration à la mairie du lieu de décès. Si ce décès a eu lieu dans une autre commune que celle du domicile, la déclaration de décès sera ensuite transmise à la mairie du domicile, qui pourra donc délivrer des extraits d'acte de décès.

Comment déclarer un décès ?

- Il faut se rendre à la mairie de la commune où a eu lieu le décès avec :
– le livret de famille ou une pièce d'identité de la personne décédée ;
– le certificat de décès délivré par le médecin qui a constaté la mort de la personne.
- Une fois que la déclaration est faite et signée, la mairie remet un permis d'inhumer, qui sera remis au fossoyeur. L'inhumation ne peut être faite que 24 heures après le décès. Une autorisation de transport du corps hors des limites de la commune doit être demandée au maire dans le cas d'une inhumation dans une autre commune que celle du décès.

Comment obtenir un extrait d'acte de décès ?

- Il faut se rendre (ou écrire) à la mairie du domicile de la personne décédée pour obtenir un extrait d'acte de décès. On peut obtenir cet extrait d'acte de décès le jour même ou le lendemain de la demande.
- Cet extrait d'acte de décès est gratuit.
- Pour les demandes par courrier, il convient de joindre une enveloppe timbrée avec les nom et adresse du demandeur pour la réponse.
- On peut aussi faire la demande par Internet : il faut alors se rendre sur le site de la commune du défunt.

Dans quels cas a-t-on besoin d'un extrait d'acte de décès ?

Il faut adresser un extrait d'acte de décès par exemple :
– à l'employeur du défunt ;
– à la caisse de retraite du défunt ;
– aux différents services sociaux : la Sécurité sociale, le service des allocations familiales, etc. ;
– à la chambre de commerce (pour les commerçants) ;
– à l'Hôtel des impôts…

DEMANDE D'ACTES DE DÉCÈS EN LIGNE

1

Les champs précédés d'un astérisque (*) sont à compléter obligatoirement.

Vous souhaitez recevoir [1] exemplaire(s)

***Renseignements concernant le demandeur**

***Êtes-vous ?** [faites un choix] — 2

Autres cas (mandataire, titulaire d'une autorisation du procureur, recherches généalogiques, etc.) **cliquez ici >>**

O Monsieur O Madame O Mademoiselle

*Nom :

*Prénom :

Le cas échéant, nom de l'épouse :

***Adresse complète :**
(n° de rue, rue, code postal, ville)

Téléphone :

3 → *Mél :

4 → * Numéro de pièce d'identité :

- O Passeport
- O Carte Nationale d'Identité
- O Permis de conduire
- O Titre de Séjour
- O Autre, précisez :

Renseignements concernant l'acte

5 → Référence de l'acte (si vous le connaissez)

*Date de l'événement : [jour] [mois] [année]

*Nom d'origine :

*Prénom :

Je certifie sur l'honneur l'exactitude des renseignements ci-dessus.

Pour valider votre demande, cliquez ici >> [Envoyer]

Pour rétablir votre demande, cliquez ici >> [Rétablir]

1 Cette demande est faite en utilisant Internet (téléprocédure). En cas de doute, le service de l'état civil pourra demander de produire par courrier une demande signée complétée par des photocopies de la pièce d'identité au demandeur.

2 Préciser si le demandeur est titulaire de l'acte : parent, enfant, représentant légal ou notaire du défunt.

3 Adresse électronique (e-mail) de la personne qui demande un extrait de l'acte.

4 Le numéro est celui qui figure sur la pièce d'identité choisie. Il faut indiquer également le type de pièce d'identité choisie en le cochant.

5 La référence de l'acte peut être communiquée par la mairie qui a enregistré le décès.

Les droits de succession

Les droits de succession sont une taxe à payer à l'État quand on hérite d'une personne. D'une façon générale, plus le degré de parenté est éloigné et plus l'héritage est important, plus les droits de succession sont élevés. Il est cependant possible, légalement, de bénéficier d'un abattement sur ces droits.

Qui doit souscrire à la déclaration des biens de la succession ?

Les héritiers, légataires et donataires doivent remplir une déclaration. Lors de la succession, il est préférable de faire intervenir un notaire. C'est même obligatoire lorsqu'un bien immobilier entre dans cette succession.

À quel moment faut-il la souscrire ?

La déclaration des biens de la succession doit être souscrite :
– dans les 6 mois lorsque le décès a eu lieu en France métropolitaine ;
– dans les 12 mois dans tous les autres cas.
Remarque : des délais spéciaux sont prévus pour les départements d'outre-mer et la Corse.

Quand faut-il payer les droits de succession ?

Les droits de succession doivent être réglés en totalité lors du dépôt de déclaration de succession (en espèces, chèque, en objets de valeur si les héritiers ne disposent pas de liquidités nécessaires). Il est cependant possible de demander un paiement différé ou fractionné. Le conjoint survivant, s'il doit payer des droits, peut également demander à reporter le paiement de ces droits de succession.

Comment les droits de succession sont-ils calculés ?

- En principe, chaque héritier ne doit payer que le montant des droits correspondant à la part qu'il reçoit. Cependant, les héritiers sont solidaires pour le paiement des droits de succession et des pénalités éventuelles. Lorsqu'une succession comporte plusieurs héritiers, l'administration fiscale peut donc exiger le paiement de la totalité des droits à l'un d'entre eux ; celui-ci peut ensuite se retourner contre les autres héritiers pour se faire rembourser.
- À défaut d'autre abattement applicable, un abattement général de 1 500 € s'applique sur chaque part, même si le bénéficiaire n'a aucun lien de parenté avec le défunt.

Où trouver l'information ?

Il est possible de s'adresser :
– à la recette des impôts du domicile du défunt ;
– à un notaire ;
– à la chambre départementale des notaires.

MONTANT DES DROITS DE SUCCESSION

Héritiers	Abattement	Après déduction des abattements, pourcentage à appliquer sur la somme restante	
		Tranche de patrimoine taxable	Tarif
Conjoint survivant	76 000 €	0 € à 7 600 € 7 600 € à 15 000 € 15 000 € à 30 000 € 30 000 € à 520 000 € 520 000 € à 850 000 € 850 000 € à 1 700 000 € Au-dessus	5 % 10 % 15 % 20 % 30 % 35 % 40 %
En ligne directe : parents, enfants, petits-enfants, grands-parents	50 000 €	0 € à 7 600 € 7 600 € à 11 400 € 11 400 € à 15 000 € 15 000 € à 520 000 € 520 000 € à 850 000 € 850 000 € à 1 700 000 € Au-dessus	5 % 10 % 15 % 20 % 30 % 35 % 40 %
Entre frères et sœurs Sous certaines conditions	5 000 € 57 000 €	0 € à 23 000 € Au-dessus	35 % 45 %
Jusqu'au 4e degré inclus Exemple : entre oncle et neveu		Sur part nette taxable	55 %
Au-delà du 4e degré et pour les personnes non parentes		Sur part nette taxable	60 %
Partenaires PACS	57 000 €	0 € à 15 000 € Au-dessus	40 % 50 %

L'allocation veuvage

L'allocation veuvage est le fait de bénéficier pendant deux ans (parfois cinq au maximum) d'un soutien financier après le décès du conjoint. Elle est versée par la caisse du régime général de la Sécurité sociale. L'allocation veuvage n'est pas accordée automatiquement ; il faut en faire la demande.

À quelles conditions peut-on obtenir l'allocation veuvage ?

- Le (La) conjoint(e) décédé(e) doit avoir cotisé à l'assurance vieillesse au moins trois mois durant l'année précédant le décès. (Il ou elle pouvait être en activité mais aussi en arrêt de travail indemnisé, au chômage ou bénéficiaire de l'allocation aux adultes handicapés.)
- Le demandeur de l'allocation veuvage doit avoir moins de 51 ans à compter du 1er juillet 2007 (moins de 50 ans à compter du 1er janvier 2009).

Remarque : une mesure transitoire est en cours afin de modifier les conditions d'obtention de l'allocation veuvage.

- Le demandeur ne doit pas être remarié, ne pas vivre maritalement, ni avoir conclu un pacte civil de solidarité (PACS).
- Le demandeur doit résider en France.
- Les ressources du demandeur ne doivent pas dépasser 2 059,01 € par trimestre.

Remarque : si le demandeur reprend une activité professionnelle ou débute une formation rémunérée, les revenus se cumulent avec l'allocation pendant 3 mois puis un abattement de 50 % est appliqué durant les 9 mois suivants.

Quel est le montant de l'allocation veuvage ?

Le montant de l'allocation est de 549,07 € par mois.
Cette allocation est versée pendant 2 ans.

Quelles démarches faut-il effectuer ?

- La demande d'allocation veuvage doit être faite auprès de l'organisme de Sécurité sociale dans les 2 ans qui suivent le 1er jour du mois du décès. Un accusé de réception de la demande sera envoyé au demandeur.
- Il convient de remplir et de signer cette demande puis de la déposer de préférence dans l'un des points d'accueil retraite, en présentant le livret de famille ou toute autre pièce justifiant l'état civil et la nationalité du demandeur.

DEMANDE D'ALLOCATION VEUVAGE

la Retraite solidaire — CNAV

Demande d'allocation de veuvage

(anciens articles L 356 -1 à L356 - 4, R 356 - 1 et suivants du code de la sécurité sociale, art 31 - IV et V de la loi n° 2003 - 775 du 21 aout 2003)

cerfa
N° 12098*02

Important : merci de remplir ce formulaire en noir, en lettres majuscules et avec les accents.

▶Vous-même

Madame ☐ Monsieur ☐

Votre nom *(de naissance)* : ....

Votre nom d'époux ou d'épouse *(s'il y a lieu)* : ....

Si vous portez un autre nom, indiquez-le : ....

Vos prénoms *(soulignez votre prénom courant)* : ....

Téléphone *(pour nous permettre de vous contacter en cas de nécessité)* : |_|_|_|_|_|_|_|_|_|_|

Votre date de naissance : |_|_|_|_|_|_|_|_| Votre nationalité : ....

Commune de naissance : .... Département : .... Pays : ....
(indiquez l'arrondissement pour Paris, Lyon, Marseille)

Votre adresse : ....

Code postal : |_|_|_|_|_| Commune : .... Pays : ....

1 → Votre n° de Sécurité sociale ou de Mutualité Sociale Agricole : |_|_|_|_|_|_|_|_|_|_|_|_|_| |_|_|

▶Votre situation de famille

Marié(e) le |_|_|_|_|_|_|_|_| Séparé(e) le |_|_|_|_|_|_|_|_| Divorcé(e) le |_|_|_|_|_|_|_|_|

Veuf(ve) |_|_|_|_|_|_|_|_| Votre conjoint est porté disparu depuis le |_|_|_|_|_|_|_|_|

2 {
Vous êtes remarié(e) depuis le |_|_|_|_|_|_|_|_|
Vous vivez en concubinage depuis le |_|_|_|_|_|_|_|_|
Vous avez conclu un PACS depuis le |_|_|_|_|_|_|_|_|

▶Votre conjoint(e) décédé(e) ou disparu(e)

Son nom *(de naissance)* : .... Son nom d'époux ou d'épouse : ....

Ses prénoms *(soulignez le prénom courant)* : ....

Sa date de naissance : |_|_|_|_|_|_|_|_| Sa nationalité : ....

Commune de naissance : .... Département : .... Pays : ....
(indiquez l'arrondissement pour Paris, Lyon, Marseille)

Sa date de décès ou de disparition : |_|_|_|_|_|_|_|_|

3 → Son n° de Sécurité sociale ou de Mutualité Sociale Agricole : |_|_|_|_|_|_|_|_|_|_|_|_|_| |_|_|

Votre conjoint avait-il demandé ou percevait-il une retraite du régime général de la Sécurité sociale ? oui ☐ non ☐ Si oui, n° de retraite : |_|_|_|_|_|_|_|_|_|_|_|_|_|_|_|_|

Nom de la caisse de retraite : ....

Son adresse : ....

|_|_|_|_|_| ....

1 Ce numéro se trouve sur tous les documents provenant de la Sécurité sociale.

2 On n'a pas le droit à l'allocation veuvage dans ces trois cas.

3 Ce numéro se trouve sur tous les documents adressés au conjoint provenant de la Sécurité sociale ou de la MSA.

Le divorce

Il faut, pour divorcer, entamer une procédure judiciaire qui n'est pas gratuite mais qui peut être prise en charge par l'aide juridictionnelle si les revenus de la personne souhaitant activer la démarche ne dépassent pas certains plafonds.

Quels sont les différents types de divorce ?

Il existe plusieurs types de divorce :
– le divorce pour faute ;
– le divorce par consentement mutuel ;
– le divorce par acceptation du principe de la rupture du mariage ;
– le divorce par altération définitive du lien conjugal.

Quels papiers faut-il rassembler pour demander le divorce ?

Il faut réunir, pour la procédure judiciaire de divorce, l'ensemble des papiers suivants :
– le livret de famille ;
– le contrat de mariage ;
– le bail du logement familial ou l'acte notarié d'acquisition de ce logement ;
– un extrait d'acte de mariage ;
– un extrait d'acte de naissance des enfants ;
– les cartes de Sécurité sociale et d'affiliation aux régimes de retraite des deux époux.
Une fois le divorce prononcé, la mention du divorce doit être portée en marge de l'acte de mariage ainsi que des actes de naissance des époux.

Quels sont les interlocuteurs au cours de la procédure ?

Il s'agit de l'avocat, dont l'assistance est obligatoire, et du juge. (Pour toute information, on peut s'adresser à la mairie ou au service d'accueil du tribunal d'instance ou de grande instance.)

Quelles sont les conséquences du divorce ?

Après un divorce ou une séparation de corps, certaines modalités peuvent être modifiées sur décision du juge aux affaires familiales :
– l'exercice de l'autorité parentale ;
– les modalités d'hébergement des enfants ;
– la contribution à l'entretien et à l'éducation des enfants, la pension alimentaire ;
– les droits de visite et d'hébergement ;
– la répartition des biens.

LA SÉPARATION DE CORPS

Les caractéristiques de la séparation de corps

C'est une situation résultant d'un jugement qui met fin à l'obligation de vie commune. Sans jugement, la séparation n'a aucune valeur juridique ; il y a seulement absence de vie commune.

Comment l'obtenir ?

Le jugement de séparation de corps est prononcé dans les mêmes cas et les mêmes conditions que celui de divorce.

Pour l'obtenir, il faut s'adresser à un avocat.

Les procédures de la séparation de corps sont identiques à celles du divorce, selon qu'il s'agit :

- d'une séparation par consentement mutuel, sur demande conjointe ou séparée ;
- d'une séparation pour faute ;
- d'une séparation pour rupture de la vie commune.

Les conséquences de la séparation de corps

Les époux restent mariés mais cessent d'avoir une vie commune.

La séparation de corps entraîne toujours la séparation des biens.

Les autres conséquences et obligations nées du mariage subsistent, notamment le devoir de fidélité et l'obligation de secours.

Par ailleurs, en cas de décès de l'un des deux époux séparés de corps, l'autre époux conserve les droits que la loi accorde au conjoint survivant si la séparation n'a pas été prononcée contre lui.

Comment y mettre fin ?

Par une reprise volontaire de la vie commune : l'intéressé doit s'adresser à un notaire ou à la mairie de son domicile (à l'officier d'état civil) pour qu'elle ait une valeur juridique.

Par un divorce : l'intéressé doit s'adresser à un avocat, qui présentera la requête au tribunal de grande instance.

La transformation en divorce

Si la séparation de corps a duré deux ans, le jugement de séparation est transformé de plein droit en jugement de divorce, à la demande de l'un des époux.

Si la séparation de corps a été prononcée par consentement mutuel, elle ne peut être convertie en divorce que par une nouvelle demande conjointe.

Pour s'informer, à qui s'adresser ?

- À un notaire.
- Au service de consultation gratuit des avocats (se renseigner auprès de la mairie, au tribunal d'instance ou de grande instance).
- À un avocat.

La scolarité élémentaire

L'école primaire désigne le premier degré d'enseignement du système éducatif. Elle comprend l'école maternelle et l'école élémentaire. Elle est organisée en trois cycles : apprentissages premiers, apprentissages fondamentaux et approfondissements.

Comment inscrire un enfant à l'école ?

L'un des parents doit se présenter à la mairie puis à l'école avec :
– le livret de famille ;
– une carte d'identité ;
– le certificat d'inscription délivré par la mairie ;
– le certificat délivré par le médecin attestant que l'état de santé de l'enfant est compatible avec le milieu scolaire ;
– un document attestant les vaccinations de l'enfant.
L'inscription doit être faite au plus tard au mois de juin précédant la rentrée scolaire.

L'école maternelle

En maternelle, les professeurs d'école (anciennement instituteurs et institutrices) enseignent les apprentissages premiers (distinguer les formes et les couleurs, vivre ensemble, se repérer dans l'espace et dans le temps…). La durée hebdomadaire d'enseignement est de 26 heures. Un livret sera éventuellement mis à la disposition des parents. Il permettra de suivre les progrès de l'enfant.

L'école élémentaire

L'école élémentaire est obligatoire pour tous les enfants qui ont 6 ans au cours de l'année civile.

- Elle comprend deux cycles :
– le cycle des apprentissages fondamentaux, qui se font en grande section de maternelle, au CP et au CE1 ;
– le cycle des apprentissages d'approfondissement, qui se réalisent au CE2, au CM1 et au CM2.
- L'école doit garantir l'accueil de tous les enfants (malades ou handicapés, nouveaux arrivants, enfants du voyage…).
- Une allocation de rentrée scolaire (ARS) pour les enfants de 6 à 18 ans peut être accordée et versée par les caisses d'allocations familiales sous conditions de ressources.

Comment suivre les progrès de son enfant ?

Les professeurs d'école sont disposés à rencontrer les parents de l'enfant à tout moment pour faire le point sur ses progrès et son attitude à l'école. Ils conseilleront les parents sur les manières de procéder pour aider leur(s) enfant(s) après la classe. Relire les textes lus en classe, refaire les exercices, réciter, développer le goût de la lecture, éveiller leur curiosité sont des activités à pratiquer chaque jour après la classe.

EXEMPLES DE COMPÉTENCES ÉVALUÉES À L'ÉCOLE

1 → COMPÉTENCES TRANSVERSALES			Période du ________ au ________ *ACQUISITIONS-OBSERVATIONS*
Acquisition de l'autonomie apprentissage de la vie sociale	Connaître et exercer des responsabilités personnelles. Énoncer des règles. Identifier quelques grands problèmes du monde, manifester une sensibilité à leur égard. Faire preuve de créativité, d'inventivité, de curiosité. Affirmer ses choix et ses goûts esthétiques : les expliciter et les faire partager.		← 4
Réflexion recherche	Émettre des hypothèses, faire des choix, contrôler ses réponses. Élaborer un modèle abstrait pour traduire ou interpréter une situation ou une démarche.		
2 → COMPÉTENCES DANS LE DOMAINE DE LA LANGUE			Période du ________ au ________ *ACQUISITIONS-OBSERVATIONS*
Langue orale	Questionner, répondre, expliquer, justifier, argumenter. Utiliser à bon escient les variations de langue en fonction des situations rencontrées (en maîtrisant la syntaxe). Dire de mémoire un texte en prose ou en vers.		← 4
3 → COMPÉTENCES D'ORDRE DISCIPLINAIRE Mathématiques			Période du ________ au ________ *ACQUISITIONS-OBSERVATIONS*
Résolution de problèmes	Reconnaître, trier, organiser et traiter les données utiles à la résolution d'un problème. Formuler et communiquer sa démarche et ses résultats. Argumenter à propos de la validité d'une solution. Élaborer une démarche originale dans un problème de recherche. Élaborer un questionnement à partir d'un ensemble de données.		

1 Compétences que l'on retrouve dans tous les domaines.

2 Il s'agit des compétences concernant la langue orale, l'expression écrite, la grammaire…

3 Il s'agit du calcul, de la géométrie, des mesures…

4 Dans la colonne, le professeur d'école met une ou plusieurs croix en face des compétences travaillées durant la période. Il ajoute ses observations.

Après l'école primaire

Lorsqu'un enfant a entre 10 et 11 ans, sa scolarité élémentaire est terminée. Il va entrer au collège, en classe de sixième, et va débuter sa scolarité secondaire au cours de laquelle, à certains moments, il devra s'orienter.

Le collège

- La scolarité au collège comporte 4 niveaux : 6e, 5e, 4e et 3e. Les professeurs sont spécialisés par discipline : français, histoire-géographie, mathématiques, sciences de la vie et de la terre, physique, langues, arts plastiques, musique, éducation physique et sportive, technologie...
- Un conseil de classe a lieu chaque trimestre. Il est composé du principal du collège, des professeurs de la classe de l'enfant, de parents d'élèves et des délégués de classe. Le conseil de classe fait le bilan de l'activité générale de la classe et de l'activité particulière de chaque enfant. À l'issue de ce conseil de classe, chaque enfant reçoit un bulletin sur lequel chaque professeur indique la note moyenne de la classe par matière, les notes obtenues par l'enfant et des appréciations sur son comportement et sur son travail.
- Chaque classe a un professeur principal qui est l'interlocuteur privilégié des parents. Il ne faut pas hésiter à le contacter.
- La scolarité au collège est sanctionnée par le brevet des collèges, qui se déroule à la fin de la classe de 3e.

Le lycée

Les types de lycée sont nombreux et dépendent de la formation que l'on y reçoit.
Les lycées d'enseignement général préparent aux baccalauréats d'enseignement général.
Les lycées techniques préparent aux baccalauréats techniques ou aux brevets de technicien.
Les lycées professionnels préparent aux CAP, aux BEP et aux baccalauréats professionnels.

L'orientation

- Le diplôme du CAP comme celui du baccalauréat professionnel attestent d'une qualification qui permet d'entrer directement dans la vie active. À la fin de sa 3e, chaque enfant doit décider de son orientation. Il peut y être aidé par le module découverte mis en place au cours de l'année scolaire. Cette orientation dépend de ses capacités et de ses vœux. Il est essentiel de s'informer au plus tôt sur les possibilités d'orientation de l'enfant auprès de ses professeurs et du conseiller d'orientation présent dans chaque collège.
- Les lycées professionnels accueillent aussi des formations complémentaires, des élèves de 3e pouvant choisir le module de découverte professionnelle de 6 heures (3e DP)... Ils mettent en œuvre des stages en alternance qui permettent d'approfondir une spécialité en entreprise.

Les études supérieures

Elles sont accessibles avec le baccalauréat ou un équivalent. Elles se suivent dans les universités, dans les grandes écoles, dans les IUT (instituts universitaires de technologie) et parfois dans les lycées.

ITINÉRAIRES DE FORMATION

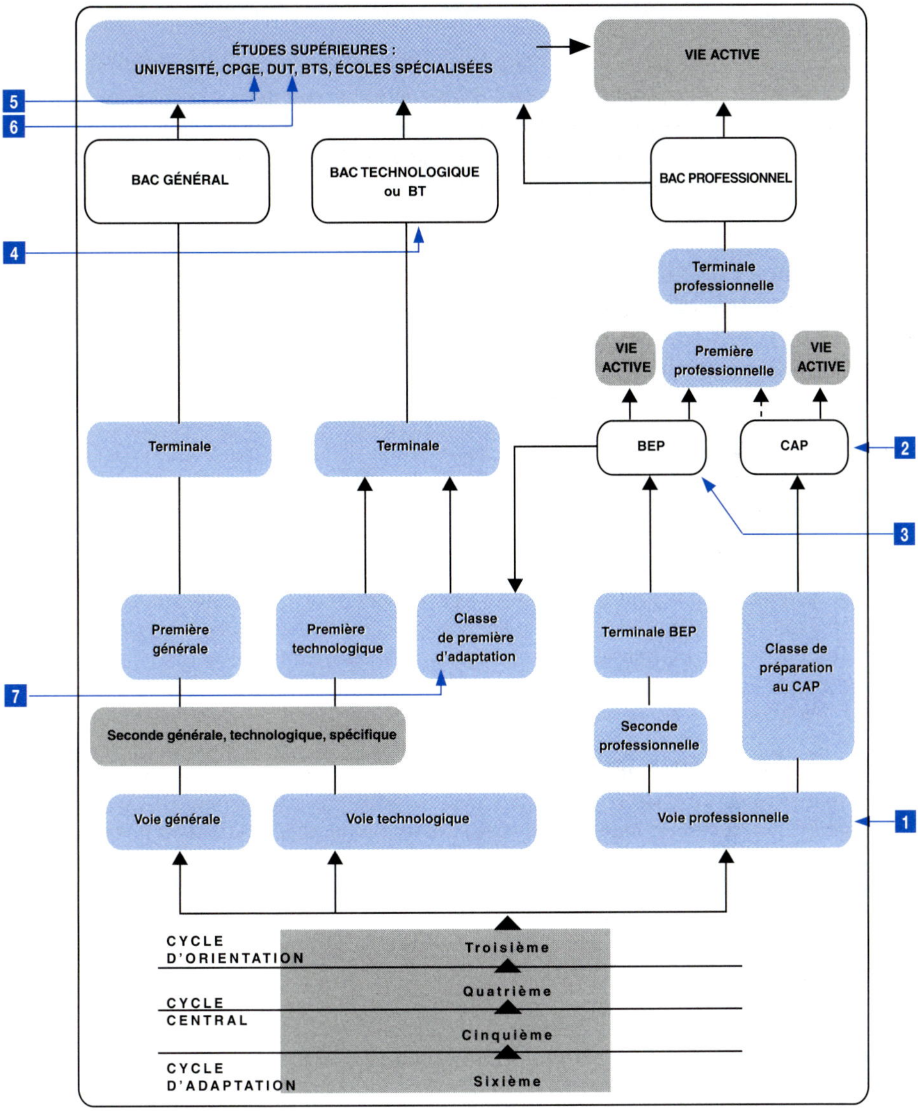

1 Les classes de seconde BEP et de CAP font partie du cycle de détermination.

2 Certificat d'aptitude professionnelle.

3 Brevet d'études professionnelles.

4 Brevet de technicien.

5 Diplôme universitaire de technologie.

6 Brevet de technicien supérieur.

7 La première d'adaptation est une « classe passerelle » qui permet aux élèves de terminale BEP ayant un bon dossier scolaire de passer dans la voie technologique.

Les bourses d'études

Les bourses d'études sont des allocations accordées aux familles sous certaines conditions. Elles permettent aux lycéens et aux étudiants de poursuivre leur scolarité dans les meilleures conditions possibles. Les bourses d'études ne sont pas accordées automatiquement ; il faut en faire la demande.

À quelles conditions peut-on bénéficier d'une bourse des lycées ?

Un lycéen peut bénéficier d'une bourse des lycées s'il est inscrit :
- dans un lycée public ;
- dans un lycée privé sous contrat ou habilité par le recteur d'académie ;
- dans une classe de niveau lycée du Centre national d'enseignement à distance (CNED) pour une raison médicale.
- Il peut être de nationalité française ou de nationalité étrangère, sous réserve que sa famille soit en situation régulière.

Les ressources du foyer doivent être inférieures à un plafond qui détermine le montant de la bourse.

Les ressources prises en compte sont celles mentionnées comme « revenu fiscal de référence » sur l'avis d'imposition. Pour l'année scolaire 2007-2008, ce sont donc les ressources de 2005 (sauf cas particuliers) qui seront demandées.
Remarque : les élèves redoublants peuvent obtenir une bourse des lycées après nouvel examen des ressources de la famille.

Quels documents faut-il fournir ?

Il faut remplir un dossier de demande de bourse. C'est au secrétariat du lycée que fréquente l'enfant qu'il faut retirer ce dossier et le rendre le plus rapidement possible après l'avoir complété.

D'autres pièces doivent être fournies dans les cas suivants :
- si les parents sont séparés ou divorcés ; il convient alors de produire une copie du jugement qui indique à qui l'enfant a été confié ainsi que le montant de la pension alimentaire ;
- si l'un des parents élève seul(e) l'enfant ;
- si l'enfant a un tuteur ;
- si l'un des membres du foyer est atteint d'une maladie grave ou d'un handicap ; il faudra fournir un certificat médical attestant le handicap ou la maladie de la personne concernée ainsi qu'une déclaration sur l'honneur indiquant que cette personne vit au foyer de l'enfant ;
- si l'un des parents est au chômage depuis le 1er janvier de l'année précédente ;
- si l'un des parents a repris une activité depuis le 1er janvier de l'année précédente.

Quelles primes peuvent compléter cette bourse ?

L'accès à certaines classes ou à certaines spécialités peut entraîner le versement de sommes supplémentaires appelées « primes » : la prime d'équipement, la prime d'entrée en seconde, première et terminale (sauf pour les redoublants), la prime de qualification.

FICHE D'AUTO-ÉVALUATION
destinée aux familles

Cette fiche doit vous permettre de déterminer si vous pouvez, éventuellement, bénéficier d'une bourse nationale d'études du second degré de lycée en vue de retirer un dossier de demande de bourse auprès du chef d'établissement fréquenté par votre enfant.

Le droit à bourse est déterminé en fonction de la **situation de la famille, exprimée en points de charge,** et de ses **ressources**.

SITUATION DE LA FAMILLE EXPRIMÉE EN POINTS :

a - Enfants à charge :

Ne pas compter à charge les enfants qui établissent une déclaration de revenu séparée.

Nombre d'enfants	1	2	3	4	5	6	7	8	9	10	11	12	13
Points de charge	9	10	12	14	17	20	23	26	29	32	35	38	41

– Dans la 1re ligne du tableau ci-dessus, entourez le chiffre égal au nombre d'enfants que vous avez à charge.
– Reportez le nombre de points correspondant (chiffre situé sous le nombre d'enfants), ici .... ☐ A

b - Situations particulières :

Si vous répondez OUI aux questions suivantes, marquez **1 point** dans la case correspondante :

– Le candidat boursier est-il pupille de la nation? .... ☐ b1
– Le père et la mère sont-ils tous les deux salariés ? .... ☐ b2
– Le père ou la mère est-il ou est-elle en congé de longue maladie ou de longue durée ou percevant une pension d'invalidité ou une allocation aux adultes handicapés et n'exerçant pas une activité professionnelle ? .... ☐ b3
– Y a-t-il au foyer un ascendant à charge atteint d'un handicap ou d'une maladie grave ? ..... ☐ b4

Si vous répondez OUI aux questions suivantes, marquez **2 points** dans la case correspondante :

– Y a-t-il au foyer un enfant atteint d'une maladie grave ou d'un handicap, n'ouvrant pas droit à l'allocation d'éducation spécialisée ? .... ☐ b5
– Le candidat boursier est scolarisé en second cycle ou y accède à la rentrée suivante : .... ☐ b6

Si vous répondez OUI à la question suivante, marquez **3 points** dans la case correspondante :

– Le père ou la mère (célibataire, veuf(ve), divorcé(e)...) élève-t-il (elle) seul(e) un ou plusieurs enfants ? .... ☐ b7

Faites le total des points des cases b1 à b7 : .... ☐ B

Faites le total des points de charge (A + B) : .... ☐

RESSOURCES DE LA FAMILLE :

Déclarez le revenu fiscal de référence figurant sur votre avis d'impôt sur le revenu de ....

REVENU FISCAL DE RÉFÉRENCE : .... ☐

Le PACS

Entre le mariage et le concubinage, il existe le pacte civil de solidarité (PACS) qui donne la possibilité à deux adultes de même sexe ou de sexes opposés d'organiser une vie commune et de conclure un contrat civil, sans pour autant passer par la mairie.

Qui peut signer un PACS ?

Deux personnes majeures, quel que soit leur sexe, peuvent signer un PACS, à condition :
– qu'il n'y ait pas de lien entre parents et alliés familiaux proches ;
– que l'un des deux partenaires ne soit pas marié ou n'ait pas déjà signé un PACS avec une autre personne ;
– que l'un des deux partenaires majeurs ne soit pas placé sous tutelle.
Remarque : on peut signer un PACS quelle que soit sa nationalité.

Comment procéder ?

La déclaration conjointe doit être faite, en personne, au greffe du tribunal d'instance de la résidence des deux partenaires, à l'ambassade ou au consulat si ces personnes résident à l'étranger et que l'une d'entre elles est française.
Le greffier du tribunal d'instance vérifie les pièces fournies (convention et justificatifs obligatoires) avant d'enregistrer la déclaration. À l'étranger, ce sont les agents diplomatiques et consulaires français qui assurent ce service.

Quelles sont les pièces à fournir ?

Pour conclure un PACS, il faut fournir :
– une pièce d'identité ;
– une copie intégrale de l'acte de naissance ;
– une déclaration sur l'honneur qu'il n'existe aucun lien qui ferait obstacle à un PACS entre les partenaires ;
– une attestation sur l'honneur que les deux partenaires vivent dans une résidence commune ;
– un certificat très récent, délivré par le tribunal d'instance du lieu de naissance, attestant qu'aucun partenaire n'est déjà pacsé.
Remarque : d'autres pièces sont exigées si l'un des partenaires est veuf, divorcé ou de nationalité étrangère né hors de France.

Quel est le contenu d'un PACS ?

- Il peut signaler un simple engagement et préciser les modalités de l'aide matérielle à laquelle chacun des partenaires est tenu ou inclure des clauses précises concernant la répartition des biens mobiliers ou immobiliers acquis par les deux pacsés.
- Il est possible de rédiger soi-même le contrat ou de le faire rédiger par un notaire.

Il n'existe pas de modèle particulier ; il peut simplement indiquer : « Nous, X et Y, concluons un pacte civil de solidarité régi par la loi n° 99-944 du 15 novembre 1999 » et préciser les détails de l'accord conclu entre les deux partenaires.

DEMANDE D'ENREGISTREMENT D'UN PACS

Nous sommes là pour vous aider

Liberté • Égalité • Fraternité
RÉPUBLIQUE FRANÇAISE

MINISTÈRE DE LA JUSTICE

cerfa

12819*02

1 → **Demande de délivrance de certificat de non pacte civil de solidarité dans le cadre de l'enregistrement d'un pacte civil de solidarité**
(article 11-11- 2e alinéa du décret n° 2006-1806 du 23 décembre 2006)

Votre identité :

☐ Madame ☐ Mademoiselle ☐ Monsieur

Votre nom (de naissance) : ____________________

Votre nom d'usage : ____________________

Vos prénoms : ____________________

Vos date et lieu de naissance : |_|_|_|_|_|_|_|_| à ____________________

Code postal : |_|_|_|_|_| ou pays : ____________________

2 → (ou pays)

Votre adresse : ____________________

____

Code postal : |_|_|_|_|_| Commune : ____________________

Tribunal d'instance devant lequel sera conclu le pacte civil de solidarité : ____________________

____

Votre numéro de téléphone ou de télécopie, le cas échéant : |_|_|_|_|_|_|_|_|_|_|

3 → ***Vous devez justifier de votre identité à l'appui de votre demande.***

Le |_|_|_|_|_|_|_|_|

Signature :

La loi n° 78-17 du 6 janvier 1978 relative aux fichiers nominatifs garantit un droit d'accès et de rectification des données auprès des organismes destinataires de ce formulaire.

1 Si la personne est née à l'étranger, il faut faire cette demande au tribunal de grande instance de Paris.

2 Si la personne est née à l'étranger, il faut fournir une pièce d'identité mentionnant la ville de naissance et, le cas échéant, un acte de naissance traduit par un traducteur assermenté.

3 Si la personne est née en France, son identité peut être justifiée par un passeport, une carte nationale d'identité, un titre de séjour, un permis de conduire.

La carte Vitale

La caisse d'assurance maladie adresse gratuitement au domicile des assurés une carte Vitale nominative pour les personnes de 16 ans et plus. Elle garantit le remboursement des frais médicaux et le paiement d'indemnités journalières.

Comment un travailleur devient-il un assuré social ?

- Tout travailleur doit être inscrit sur les listes de la Sécurité sociale quel que soit son sexe et quelle que soit sa nationalité. Il faut que son travail soit rémunéré et qu'un contrat le lie à son employeur. L'employeur doit déclarer le travailleur à l'URSSAF (organisme qui collecte les cotisations de Sécurité sociale) avant son embauche. Dès qu'il est immatriculé, le travailleur reçoit sa carte Vitale.
- En cas de changement de domicile, l'assuré doit signaler rapidement sa nouvelle adresse à la caisse primaire d'assurance maladie dont il dépend. Celle-ci enregistrera les modifications. En cas de changement de circonscription de caisse, il sera, après avoir signalé sa nouvelle adresse, informé de sa nouvelle affiliation.
- Avant 16 ans, l'enfant est généralement inscrit sur la carte Vitale de l'un de ses parents. Après 16 ans, il recevra sa propre carte.

À quoi sert la carte Vitale ?

- Cette carte permet de ne payer que la partie des frais (ticket modérateur) qui n'est pas remboursée par la Sécurité sociale ou d'être remboursé plus rapidement et plus simplement.
- La carte de Sécurité sociale peut être demandée par exemple :

– à la pharmacie ;
– au laboratoire médical ;
– au centre de radiologie ;
– lors d'une entrée à l'hôpital.

Remarques :

– l'attestation jointe à la carte Vitale indique le contenu de celle-ci et peut être utile en cas de perte de cette dernière ou chez les professionnels de santé non équipés ;
– lorsque l'on trouve une carte Vitale, il faut la déposer sans enveloppe dans une boîte aux lettres de La Poste. Elle parviendra automatiquement au Centre des cartes Vitale perdues, situé au Mans.

INFORMATIONS DE LA CARTE VITALE

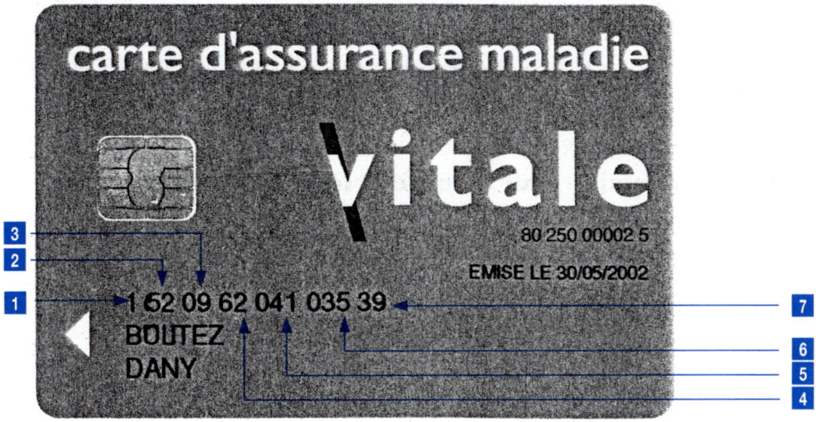

Cette carte est strictement personnelle. Toute personne trouvant cette carte est priée de bien vouloir la déposer dans une boîte aux lettres de La Poste (sans enveloppe ni affranchissement). Elle sera automatiquement transmise :

Centre des Cartes Vitale Perdues
72087 LE MANS CEDEX 9

1 Sexe :
– numéro 1 si c'est un homme ;
– numéro 2 si c'est une femme.

2 Année de naissance (les deux derniers chiffres seulement).

3 Mois de naissance.

4 Numéro du département de naissance.

5 Numéro de la commune de naissance.

6 Rang d'inscription sur le registre communal.

7 Numéro complémentaire.

Le tiers payant

Le tiers payant est la possibilité de ne régler qu'une partie des frais pharmaceutiques, des frais d'analyses médicales ou de radiographie. Ce qui reste à la charge du patient peut être remboursé en partie ou en totalité par la mutuelle pour les personnes qui y cotisent.

Comment faire pour demander le tiers payant ?

La première fois que l'on demande à bénéficier du tiers payant, il faut :
– se rendre à la pharmacie de son choix ;
– se munir de sa carte Vitale et, le cas échéant, de sa carte de mutuelle.
Le pharmacien a besoin de ces documents. Il entrera les indications qu'ils comportent dans un ordinateur.
Remarque : il est possible de faire la même démarche dans plusieurs pharmacies ou chez plusieurs praticiens (centres de radiologie et laboratoires d'analyses).

Qu'appelle-t-on « feuille de soins » ?

La feuille de soins est le document par lequel le patient reconnaît avoir reçu les médicaments ou les soins et par lequel il autorise le pharmacien ou le praticien à percevoir à sa place le remboursement des actes ou des médicaments.
Le patient signe cette feuille et règle le montant qui reste à sa charge le cas échéant.
Le pharmacien ou le praticien se charge d'envoyer cette feuille à la caisse de Sécurité sociale.

La feuille de soins est à remplir :
– en partie par l'assuré ;
– en partie par le pharmacien.

Le double de la prescription médicale doit être joint à l'envoi de la feuille de soins (sauf en cas de renouvellement ou s'il a été joint à la demande d'entente préalable). En effet, pour certains soins le patient doit demander l'accord de sa caisse de Sécurité sociale.
Remarques :
– si les soins sont en rapport avec un accident causé par un tiers, il faut le préciser au pharmacien ainsi que la date de cet accident pour récupérer les frais relatifs à celui-ci ;
– si les soins sont en rapport avec un accident du travail ou une maladie professionnelle, il faut présenter les formulaires que l'employeur doit fournir dans cette situation.

FEUILLE DE SOINS

cerfa
N° 11389*03

joindre la prescription
sauf si renouvellement

feuille de soins
pharmacien ou fournisseur
Art. R. 161-40 et suivants du Code de la sécurité sociale
Art. L. 115 du Code des pensions militaires d'invalidité et des victimes de la guerre

date

PERSONNE RECEVANT les SOINS et ASSURE(E) (*)

PERSONNE RECEVANT les SOINS *(la zone "nom et prénom" est obligatoirement remplie par le pharmacien ou le fournisseur)*

nom et prénom *(suivis, s'il y a lieu, du nom d'époux ou d'épouse)*

(à remplir par le pharmacien ou le fournisseur)

numéro d'immatriculation — *code de l'organisme de rattachement en cas de dispense d'avance des frais*

date de naissance J J M M A A A A — rang de naissance, si naissances multiples

ASSURE(E) *(à remplir si la personne recevant les soins n'est pas l'assuré(e))*

nom et prénom *(suivis, s'il y a lieu, du nom d'époux ou d'épouse)*

1 → numéro d'immatriculation

ADRESSE de L'ASSURE(E)

Ce modèle est communiqué à titre d'information afin que vous puissiez en prendre connaissance.
Pour votre démarche, le formulaire original doit être utilisé (exceptée, télétransmission Vitale)

PHARMACIEN ou FOURNISSEUR (à remplir par le pharmacien ou le fournisseur)

identification du pharmacien ou du fournisseur

prescripteur
n° d'identification
nom
prestation ou traitement prescrit le
entente préalable du

CONDITIONS de PRISE en CHARGE de la PERSONNE RECEVANT les SOINS (à remplir par le pharmacien ou le fournisseur)

2 →

☐ **MALADIE** exonération du ticket modérateur : non ☐ oui ☐ *(si oui, cochez une case de la ligne suivante)*

soins en rapport avec ALD ☐ — action de prévention ☐ — autre ☐

accident causé par un tiers non ☐ oui ☐ date J J M M A A A A — personne visée à l'art. L. 115 ☐

☐ **AT/MP** numéro ou date J J M M A A A A

PRODUITS et PRESTATIONS DELIVRES (à remplir par le pharmacien ou le fournisseur)

tarification détaillée

imprimer les codes à barres ou coller les vignettes des médicaments ou les étiquettes de la liste des produits et prestations dans l'ordre de la prescription

PAIEMENT (à remplir par le pharmacien ou le fournisseur)

MONTANT TOTAL en euros ,

l'assuré(e) n'a pas payé la part obligatoire ☐ — l'assuré(e) n'a pas payé la part complémentaire ☐

signature du pharmacien et du fournisseur		signature de l'assuré(e)		impossibilité de signer ☐

La loi rend passible d'amende et/ou d'emprisonnement quiconque se rend coupable de fraudes ou de fausses déclarations (art. L. 377-1 et L. 471-3 du Code de la sécurité sociale, 441-1 du Code pénal)
Les informations figurant sur cette feuille, y compris le détail des actes et des prestations servies, sont destinées à votre organisme d'assurance maladie aux fins de remboursement et de contrôle.
En application de la loi du 6 janvier 1978, vous pouvez obtenir la communication des informations vous concernant et, le cas échéant, leur rectification en vous adressant auprès de votre organisme d'assurance maladie.

(*) voir notice au verso — S 3115f

1 Le numéro d'immatriculation figure sur la carte Vitale.

2 Le ticket modérateur est la somme qui reste à la charge du malade.

Les accidents domestiques

La moitié des admissions aux urgences est occasionnée par des accidents domestiques. Les connaître et les prévenir sont les meilleurs moyens de préserver sa sécurité et celle de ses proches.

Qu'appelle-t-on « accidents domestiques » ?

Les accidents domestiques sont ceux qui arrivent à la maison, comme par exemple les chutes, les brûlures, les étouffements, les empoisonnements, les intoxications par le gaz, les explosions ou incendies, les blessures par armes à feu, les coupures.

Quelles précautions peut-on prendre envers les jeunes enfants ?

Il faut, par exemple :
- avoir une armoire à pharmacie qui ferme à clé ;
- mettre des petits caches de protection sur les prises de courant ;
- ne pas laisser le manche des casseroles dépasser de la cuisinière ;
- ranger hors de la portée des enfants : ciseaux, aiguilles, aiguilles à tricoter… ;
- mettre les produits d'entretien (eau de Javel, lessive, poudre à récurer…) en hauteur ;
- fermer le robinet d'arrivée de gaz de la gazinière ;
- ne pas laisser sans surveillance un chien et un enfant ensemble.

Quels sont les bons réflexes en cas d'accident ?

En cas d'accident, il faut avant tout se poser les bonnes questions afin d'agir le plus vite possible, ce au cours de quatre étapes : la protection, l'examen, l'alerte et le secours aux victimes.

1. *Protéger la ou les victimes en se posant les bonnes questions.*

Que s'est-il passé ? Persiste-t-il un risque ? Des personnes sont-elles exposées à ce(s) risque(s) ? Peut-on supprimer ou isoler le risque ? Puis peut-on soustraire les personnes exposées à ce risque sans s'exposer soi-même ?

2. *Examiner la victime.*

La victime saigne-t-elle abondamment ? S'étouffe-t-elle ? Répond-elle ? Respire-t-elle ?

3. *Alerter ou faire alerter les secours.*

Il faut impérativement préciser : le lieu de l'accident, la nature de l'accident, le nombre de victimes, l'état des victimes. Attention à ne pas raccrocher trop vite, attendre plutôt d'y être invité.

4. *Secourir la victime.*

Lorsque la victime saigne : comprimer la plaie. Lorsque la victime s'étouffe : tenter de désobstruer les voies aériennes. Lorsque la victime présente les signes d'un empoisonnement : rechercher des traces du produit avalé. Lorsque la victime est brûlée : arroser la brûlure à l'eau froide pendant cinq minutes.

Dans tous les cas : isoler la victime, l'allonger si son état le permet (ne pas manipuler une personne souffrant de douleurs trop violentes, particulièrement au dos, à la tête ou à la nuque) et la rassurer.

NUMÉROS DE TÉLÉPHONE D'URGENCE

SERVICES D'URGENCE 1		
	Adresse	Téléphone 2
Médecin		
Pharmacien		
Infirmière		
Ambulance		
3 SAMU		**15**
Hôpital		
Centre antipoison		
Pompiers		**18** 6
4 Gendarmerie ou Commissariat		**17**
5 Secours EDF		
5 Secours GDF		

1 Remplir ce tableau des services d'urgence et le laisser à côté de son téléphone.

2 Lorsque l'on téléphone, être toujours très précis. Indiquer :
- pourquoi on téléphone ;
- l'endroit très précis où le secours est attendu ;
- le nombre de blessés s'il y en a.

3 SAMU signifie « Service d'aide médicale d'urgence ».

4 La gendarmerie (ou le commissariat) peut indiquer le médecin et le pharmacien de garde.

5 EDF signifie « Électricité de France ». GDF signifie « Gaz de France ». Les numéros de téléphone des services de dépannage d'Électricité et Gaz de France sont notés sur la facture EDF-GDF. Ils figurent aussi dans l'annuaire téléphonique dans la rubrique « Numéros d'urgence » qui se trouve juste après le nom de chaque commune.

6 À partir d'un portable, faire le 112.

Les vaccins

Les vaccins permettent d'être immunisé (protégé) contre certaines maladies déterminées. Les enfants sont soumis à des vaccinations exigées pour la fréquentation d'un établissement scolaire. Pour des raisons professionnelles, des déplacements à l'étranger, pour les personnes âgées, certaines vaccinations sont obligatoires ou recommandées.

Où se faire vacciner ?

- Les vaccinations peuvent être faites par le médecin traitant ou dans les dispensaires, centres de protection maternelle et infantile, centres de vaccination. Elles sont notées dans le carnet de santé de l'enfant.
- Au cours de la scolarité d'un enfant, le service médical de l'établissement fréquenté met en place des contrôles systématiques, dont le but est de vérifier l'immunité de l'enfant et, le cas échéant, de renouveler la vaccination.

Quand se faire vacciner ?

- C'est au cours de la première année de la vie que l'on doit être immunisé contre la plupart des maladies infectieuses.
- La majorité des vaccinations nécessite des rappels tout au long de la vie pour que la protection contre les maladies soit complète et durable.
- Un rappel oublié nécessite parfois une revaccination complète. Certaines vaccinations sont exigées pour pouvoir fréquenter un établissement scolaire.

Quels sont les vaccins conseillés ?

Dès la naissance, les enfants sont vaccinés suivant un calendrier précis. Un certain nombre de vaccins sont obligatoires.

- Diphtérie : obligatoire pour tous les enfants avant 18 mois ainsi que pour tout le personnel de santé, les élèves et les étudiants se destinant aux professions médicales.
- Polyomyélite : obligatoire pour tous les enfants avant 18 mois et tout le personnel médical.
- Tétanos : obligatoire pour tous les enfants avant 18 mois ainsi que pour tout le personnel de santé et toute personne exposée à des risques de contamination.
- Oreillons : recommandé pour tous les enfants entre 12 et 15 mois ainsi que pour les garçons de 11 à 12 ans non vaccinés et n'ayant pas développé la maladie.
- Rougeole : recommandé pour les enfants entre 12 et 15 mois.
- Rubéole : recommandé pour les enfants entre 12 et 15 mois ainsi que pour les jeunes filles avant la puberté et les femmes en âge d'avoir des enfants.
- Varicelle : conseillé pour les plus de 18 ans, non immunisés et exposés à la maladie.
- Coqueluche : recommandé pour les enfants à partir de 2 mois.
- Grippe. Le vaccin est recommandé et gratuit pour les personnes de plus de 65 ans ainsi que pour toutes les personnes atteintes de certaines maladies.

CALENDRIER DES VACCINATIONS

Âge	Vaccinations
À partir de 2 mois	Diphtérie, Tétanos, Coqueluche, Poliomyélite, Haemophilus Influenzae b, Hépatite B (1re injection)
3 mois	Diphtérie, Tétanos, Coqueluche, Poliomyélite, Haemophilus Influenzae b (2e injection)
4 mois	Diphtérie, Tétanos, Coqueluche, Poliomyélite, Haemophilus Influenzae b, Hépatite B (3e injection)
12-24 mois	Rougeole, Oreillons, Rubéole
16-18 mois	Diphtérie, Tétanos, Coqueluche, Poliomyélite, Haemophilus Influenzae b, Hépatite B
Avant 6 ans	BCG
6 ans	Diphtérie, Tétanos, Poliomyélite, Rougeole, Oreillons, Rubéole, Hépatite B (1er rappel)
11-13 ans	Diphtérie, Tétanos, Poliomyélite, Oreillons, Rubéole, Hépatite B, BCG
16-18 ans	Diphtérie, Tétanos, Poliomyélite
Plus de 18 ans	Tétanos, Poliomyélite (tous les 10 ans) Hépatite B (tous les 5 ans)
À partir de 70 ans	Tétanos, Poliomyélite (tous les 10 ans) Grippe (annuellement)

La petite annonce d'offre d'emploi

Les petites annonces sont fréquemment utilisées par les entreprises quand elles recrutent du personnel. Les trouver et y répondre rapidement permet de postuler dans les premiers à l'emploi offert.

Où trouve-t-on les petites annonces ?

On trouve des petites annonces, entre autres :
– dans des journaux, à la rubrique « Offres d'emploi » ;
– dans des revues professionnelles (comme dans l'agriculture et l'imprimerie, par exemple) ;
– à l'ANPE (Agence nationale pour l'emploi) ;
– sur Internet.

Comment lire les petites annonces ?

Il faut :
1. parcourir les différentes annonces d'offre d'emploi ;
2. cocher celles qui semblent intéressantes à la première lecture ;
3. repérer, dans chaque annonce choisie, les renseignements qui concernent l'entreprise, le poste proposé et le candidat souhaité.

Que signifient les différentes abréviations ?

CH : Cherche
CV : Curriculum vitæ
ENV : Envoyer
POSS. : Possibilité(s)
RECH : Recherche
RÉF : Références
SE PRÉS : Se présenter
SÉR : Sérieux
Sté : Société
URG : Urgent
VRP : Voyageur, représentant, placier.

Comment répondre à une petite annonce ?

Pour répondre à une petite annonce, il faut envoyer un curriculum vitæ et une lettre de motivation. Cette lettre doit :
– indiquer les références de l'annonce (date de parution, nom du journal) ;
– prouver que le candidat a compris les besoins de l'annonceur ;
– convaincre l'annonceur de fixer un rendez-vous au candidat pour un entretien d'embauche.

PETITES ANNONCES

LA VILLE DE RIGNAC ← 1

(Aveyron, 2 400 habitants)

Une ville humaine, un site harmonieux

recherche pour sa bibliothèque municipale sur mutation, liste d'aptitude ou contrat

un(e) assistant(e) de conservation. ← 2

Agent placé sous l'autorité directe de la bibliothécaire responsable du service, responsable du secteur adulte.

Missions principales :
- **suivi et gestion du fonds adultes;**
- **suivi et information des périodiques;**
- **participation à des animations;**
- **relations avec le public.**

Profil : (3 →)
- 7 → **autonomie et goût pour les responsabilités;**
- 7 → **qualités relationnelles, esprit d'équipe;**
- 8 → **connaissances en informatique fortement souhaitées.**

Diplômes :
- 5 → **CAFB + Bac minimum.**

Avantages :
Rémunération statutaire + prime annuelle + complément indemnitaire.

9 10 → **Adresser candidature, CV et photo à M. le Maire, Hôtel de Ville, 12000 RIGNAC.**

---

1 → **T.E.L.A.M.**

recherche

2 → **UN(E) COMPTABLE**

(3 →)
- 4 → Agé(e) de 25/30 ans
- 5 → BAC
- 6 → 2 années d'expérience
- 7 → Dynamique, esprit d'initiative et d'organisation, apte à s'intégrer dans une équipe jeune et performante
- 8 → Compétent(e) dans les domaines de la comptabilité générale et analytique, paie, déclarations sociales et fiscales
- 8 → Bonne maîtrise de l'outil informatique

9 → *Écrire avec C.V. détaillé + photo à :*

10 → ***SOCIÉTÉ TÉLAM***
12, place de l'Yser - 75015 PARIS

Urgt. Importante boucherie du Sud-Est Nice recherche
CHEF BOUCHER
Poss. logt. Bon salaire.
04.93.85.00.00/**04**.93.85.00.01

Ent. de peinture-ravalement-décoration en région parisienne recherche
2 PEINTRES
très qualifiés, sérieuses références exigées pour travaux intérieur et extérieur, bons salaires suivant capacités. Possibilité de logement.
Tél. pour RdV
01.39.95. .. . ..

Rech. **CUISINIER** pr crêperie,
débutant accepté.
930 € net, poss. logement.
Tél. 03.28.73. .. . ..

---

1 Nom de l'entreprise ou de l'organisme qui a passé l'annonce.

2 Nature du poste proposé.

Cet emploi peut être occupé par un homme ou une femme.

3 Conditions à remplir pour obtenir l'emploi proposé.

4 Âge souhaité.

5 Formation souhaitée.

6 Ancienneté dans la profession.

7 Traits de caractère du candidat.

8 Capacités du candidat.

9 Instructions qui concernent la réponse du candidat.

10 Nom et adresse de l'entreprise qui a passé l'annonce et à qui la personne intéressée doit adresser sa candidature.

La lettre de motivation

La lettre de motivation a pour objectif d'obtenir un entretien en vue d'un emploi. Elle doit être rédigée avec le plus grand soin et respecter certaines règles de présentation et de formulation.

À qui peut-on écrire une lettre de motivation ?

On peut écrire :
– à l'entreprise qui a fait paraître une annonce d'offre d'emploi. On répond en précisant dans sa lettre dans quel journal on a découvert la petite annonce ;
– aux entreprises qui correspondent à la spécialité recherchée. Leurs coordonnées se trouvent sur Internet ou dans un annuaire.

Comment doit-on présenter la lettre ?

La lettre de motivation peut être adressée par Internet, mais une entreprise peut aussi en demander une version manuscrite. Dans ce cas, il faut respecter les principes suivants :
– utiliser du papier blanc sans lignes. La feuille doit être de format A4 (21 cm × 29,7 cm) ;
– écrire avec soin ;
– employer de l'encre bleue ou noire (pas d'autres couleurs) ;
– laisser un blanc de 3 ou 4 cm à gauche et à droite, en haut et en bas de la feuille ;
– faire des paragraphes en laissant un blanc de 1 à 2 cm entre chaque paragraphe ;
– revenir à la ligne après le titre du destinataire (Madame, Monsieur…) ;
– ne pas oublier de mettre une majuscule au premier mot du texte de la lettre, au début de chaque paragraphe et après chaque point.

Quels sont les principes de rédaction de la lettre ?

Elle adopte un plan en trois parties : vous – moi – nous.

- Vous : on montre au destinataire que l'on connaît l'entreprise.
- Moi : on s'attache ensuite à montrer que le projet professionnel et personnel rejoint celui de l'entreprise, que l'on peut lui apporter quelque chose.
- Nous : la lettre se termine par une suggestion de rencontre dans la perspective d'une collaboration.

Quelles démarches accomplir dès la sortie du système scolaire ?

- Dès la sortie du système scolaire, il convient de s'inscrire à l'agence locale de l'ASSEDIC ou à la mairie, muni d'une carte d'identité nationale. Les étrangers doivent présenter la pièce officielle qui les autorise à chercher du travail en France.
- Dans le même temps, il faut savoir avec précision quelle est sa couverture sociale entre la fin des études et l'entrée dans la vie active comme salarié. Un lycéen ou un étudiant entre 16 et 20 ans « ayant droit » de son père ou de sa mère, ou un étudiant entre 18 et 28 ans, assuré au régime de Sécurité sociale des étudiants, conservent cette couverture pendant douze mois après l'arrêt des études.

LETTRE DE MOTIVATION TYPE

L'en-tête respecte les règles de la présentation.

Maxime RIGNOUX
30 rue Jules Ferry
44000 NANTES
Tél. : 02 20 19 55 01

Nantes, le 10 octobre

à Monsieur le Directeur
Société Auchan

Objet : demande d'emploi
de type étudiant

Vous : le candidat montre sa connaissance de l'entreprise.

Monsieur,

La société Auchan a su se développer, se constituer une belle image de marque et créer des emplois, en particulier pour les jeunes à la recherche d'expériences professionnelles diversifiées.

Le **moi** fait converger le projet personnel et les besoins de l'entreprise.

Étudiant en deuxième année de BTS (analyse biologique), je suis à la recherche d'un emploi de type étudiant, soit le week-end, soit durant les vacances scolaires, soit pour deux ou trois soirées hebdomadaires. J'apprécie le travail en équipe et je me suis toujours facilement intégré lors de mon stage en entreprise ou lors de mes expériences professionnelles. Je ne crains pas les responsabilités, j'aime prendre des initiatives, je me sens prêt à mener des missions très diverses.

Le **nous** (vous et moi) place le candidat dans une logique de collaboration.

Le curriculum vitæ, ci-joint vous donne des informations plus précises sur mon parcours scolaire et mon expérience professionnelle. Je demeure à votre entière disposition et souhaite vivement que nous puissions nous rencontrer afin que vous puissiez apprécier ma bonne volonté.

Je vous prie d'agréer, Monsieur, l'expression de mes respectueuses salutations.

Maxime Rignoux

La petite annonce de demande d'emploi

La petite annonce de demande d'emploi est une façon de se faire connaître auprès des entreprises. Cependant, sa rédaction n'est pas toujours facile et quelques règles précises mais simples sont à respecter.

Comment passer une petite annonce ?

On peut :
– remplir le formulaire de petite annonce que l'on trouve dans la plupart des journaux (y compris dans la presse gratuite) ;
– mettre le formulaire dans une enveloppe timbrée ;
– ajouter, dans l'enveloppe, le chèque qui correspond au montant de l'annonce ;
– envoyer le tout au journal.
Ou bien :
– se rendre directement au journal ;
– remplir le formulaire sur place ;
– payer le montant de la petite annonce par chèque ou en espèces.
Remarque : on peut parfois passer des annonces par Internet, par téléphone ou par fax.

Comment faut-il rédiger le texte de la petite annonce ?

■ Il convient de préciser par un verbe ce que l'on désire : vendre, acheter, échanger, louer, chercher, donner, céder. Il faut également indiquer le maximum de renseignements concernant le motif de la petite annonce.
Il faut donner une adresse ou un numéro de téléphone auquel on peut être joint.
■ Il convient d'inscrire une lettre par case. On ne s'occupe pas de la façon dont un mot est coupé à la fin d'une ligne et on laisse une case vide entre chaque mot.
Remarque : la plupart des mots sont écrits en abrégé dans ce type de texte. Les abréviations sont terminées par un point sauf quand c'est la dernière lettre du mot, par exemple : Sté. signifie « sténodactylo » et Sté signifie « société ».

Combien coûte une petite annonce ?

■ Le coût d'une petite annonce dépend du journal dans laquelle on la passe, mais également du nombre de lignes qu'on publie.
Le forfait est un prix fixe minimum que l'on paie pour l'annonce. Plus on utilise de lignes, plus l'annonce coûte cher.
Exemple : si l'on écrit 7 lignes, le texte coûtera 7 €.
■ Certains suppléments peuvent s'ajouter au prix de la petite annonce. Le montant total de l'annonce se calcule en additionnant le prix du texte et le prix des suppléments s'il y en a. Puis on multiplie ce résultat par le nombre de parutions.
Le tarif est réduit pour les demandeurs d'emploi.
■ Dans le journal, les annonces sont classées par rubriques, c'est-à-dire par thèmes.

FORMULAIRE DE PETITE ANNONCE

TEXTE de ma **PETITE ANNONCE** dans le journal

4 € puis	FORFAIT	1	J.H. 20 ANS CH. EMPLOI
		2	CHAUF. P.L. 1 AN EXPER.
		3	TEL. 0468275206
		4	
5 €		5	
6 €		6	
7 €		7	
8 €		8	

PARUTION 2 **TOTAL** 7 €

Règlement
- [ ] Chèque
- [x] Espèces

Signature: Caron

Nous n'acceptons plus les mandats, ni les timbres.

Renseignements obligatoires réservés au journal et non publiés.

Nom CARON Yvan
Adresse 17, Avenue Montaigne
Localité PERPIGNAN C.P. 66000
Tél. 04 68 27 52 06

RUBRIQUES
- [ ] A - Offre d'emploi
- [x] B - Demandes d'emploi
- [ ] C - Meubles
- [ ] D - Radio-Télé-Ménager
- [ ] E - Bonnes affaires
- [ ] F - Automobiles
- [ ] G - Motos-Cyclos
- [ ] H - Animaux
- [ ] J - Plein air
- [ ] K - Amitié-Mariages
- [ ] L - Camping Caravaning
- [ ] M - Nautisme
- [ ] N - Location vacances
- [ ] R - Appartements Location
- [ ] S - Appartements Vente
- [ ] T - Maisons-Location
- [ ] U - Maisons-Vente
- [ ] V - Terrains
- [ ] W - Propositions commerciales
- [ ] X - Collections
- [ ] Y - Musique
- [ ] Z - Cours particuliers

Demandes d'emploi 2 €

SUPPLEMENT
- [ ] Ecrire au journal 3 €
- [ ] Réexpédition du courrier 9 €
- [x] Affichage vitrine 1,50 €

1 2 3

■ JF 23 ans, BEP compta ch. emploi stable vendeuse en libr. sur Paris. Tél. : 04.42.02.04.00

4

■ JF 28 ans, DEA histoire, 5 ans d'expérience : secrétaire d'édition (2 ans) puis secrétaire de rédaction (3 ans), recherche poste (édition, presse) en relation avec cette expérience ou travaux en free-lance de réécriture et corrections d'épreuves. Très motivée, étudie toutes propositions. Tél. : 01.42.62.88.00 (rép.)

4

1 Manière de payer l'annonce.
2 Signature de la personne qui fait paraître l'annonce.
3 Nom, adresse et numéro de téléphone de la personne qui fait paraître l'annonce.
4 Exemples de petites annonces parues.

Le curriculum vitæ

Quand les entreprises recrutent du personnel, elles demandent que les candidats fournissent un curriculum vitæ (CV). Les renseignements fournis par ce document permettent à l'employeur d'apprécier les qualités et les compétences de chaque candidat. Il faut donc le rédiger soigneusement.

Qu'est-ce qu'un curriculum vitæ ?

Curriculum vitæ veut dire : « déroulement de la vie ». Il doit être rédigé sur une feuille distincte de la lettre de motivation, de préférence en version informatisée. Doivent y figurer les renseignements qui concernent :

– l'état civil du demandeur d'emploi (seuls ses nom, prénom, adresse et numéros de téléphone sont obligatoires. Tout autre renseignement est facultatif ; ne les indiquer que s'ils peuvent être utiles au destinataire) ;
– les diplômes obtenus : le diplôme le plus élevé ou le plus qualifiant sera indiqué ;
– les stages de formation suivis ;
– les emplois occupés ;
– les informations particulières telles que :
  - le permis de conduire si le candidat l'a obtenu,
  - la possession d'un véhicule personnel,
  - les activités annexes pratiquées si elles peuvent informer le recruteur sur les aptitudes qui pourraient être utiles dans l'emploi sollicité,
  - les différentes capacités : maîtrise de logiciels ; langue étrangère parlée, lue, écrite…

À quoi sert un curriculum vitæ ?

Un curriculum vitæ doit :

– être joint à une lettre de motivation (*cf.* p. 38-39) ;
– faire connaître à l'entreprise les coordonnées ainsi que le parcours de formation et professionnel du candidat ;
– mettre en avant les compétences du candidat pour l'emploi concerné ;
– donner envie au destinataire de rencontrer le candidat.

Quelles sont les règles de réalisation du CV ?

Un curriculum vitæ doit :

– être réalisé sous traitement de texte ;
– être réalisé sur du papier de qualité sans carreaux ni lignes ;
– être réalisé sur une seule page (deux maximum mais pas en recto verso) ;
– comporter un texte clair, précis, bien présenté afin de ne pas fatiguer le lecteur ;
– mettre en valeur les informations importantes à connaître par le recruteur pour l'emploi auquel postule le candidat.

CURRICULUM VITÆ TYPE

1 →

Julie CARMIN
Célibataire
19 ans
104, rue Paul Mabrut
63200 RIOM
Tél. : ... ... VENDEUSE

FORMATION

2006 — BEP Vente Action Marchande
2004 — Brevet des collèges

2 →

EXPÉRIENCE PROFESSIONNELLE

2006 juillet-août Conseillère à la vente au magasin Mod'In ← 3
(intérim de dix semaines)
– conseil et renseignement à la clientèle
– encaissements des achats
– réalisation des vitrines

2005 décembre Employée rayon jouets à Jouet Club ← 3
(intérim de deux semaines)
– contact clientèle
– réapprovisionnement des rayons
– emballage des achats

2005 juin Employée de magasin à Champion ← 3
(stage de quatre semaines)
– réapprovisionnement des rayons
– gestion des commandes
– animation d'un point de vente promotionnelle

4 →

DIVERS

Anglais parlé – Permis de conduire – Secrétaire adjointe du club de tennis de Riom

1 Coordonnées du demandeur d'emploi.

2 Périodes pendant lesquelles le demandeur d'emploi a travaillé. S'il a exercé beaucoup d'emplois, commencer plutôt par indiquer le plus récent puis remonter le temps.

3 Seules les professions exercées qui peuvent intéresser le futur employeur sont notées dans la nouvelle formule.

4 Autres renseignements qui pourraient intéresser le futur employeur.

L'entretien d'embauche

Lorsque sa candidature a été retenue, le postulant est convoqué, avec d'autres candidats, pour un entretien d'embauche. C'est la dernière étape de la sélection. Il convient donc de s'y préparer minutieusement.

Quels sont les différents types d'entretiens ?

- Les entretiens simples, c'est-à-dire que le candidat n'a qu'un seul interlocuteur.
- Les entretiens par jury, c'est-à-dire que le candidat est seul face à plusieurs personnes qui le questionnent.
- Les entretiens de groupe, c'est-à-dire que le candidat est avec d'autres candidats ; après une présentation de la fonction et du poste, les postulants sont souvent amenés à faire un jeu de rôle, et un jury observe le comportement de chacun au sein du groupe.

Que faire avant l'entretien ?

- Chercher à mieux connaître l'entreprise : produits fabriqués, services rendus, procédés et méthodes de fabrication… Pour cela, il est possible de consulter les répertoires de chambre de commerce et d'industrie, l'ANPE, certains annuaires (le Kompass, le Rome), le site Internet de l'entreprise si elle en a un, etc.
- Compléter les renseignements déjà acquis sur le poste s'il s'agit d'un remplacement, d'un poste créé, dans quels services ou ateliers le candidat va travailler…
- S'entraîner à prendre la parole. Les premières et dernières minutes sont essentielles, elles donnent la première et la dernière impression à l'interlocuteur.

On peut contacter des amis qui ont passé un entretien d'embauche et leur demander des renseignements : combien de temps l'entretien a-t-il duré ? Quelles furent les questions posées ? Quelles difficultés ont-ils rencontrées ?

- Vérifier l'adresse et la durée du trajet à faire afin de ne pas arriver en retard.
- Faire la liste des questions que l'on a à poser :

– Quelle est la nature exacte de l'emploi proposé ?
– Y aura-t-il des responsabilités ?
– Qui sera le supérieur hiérarchique ?
– Aura-t-on des personnes sous sa responsabilité ?
– Quelles seront les possibilités de formation ?
– Y aura-t-il des déplacements ? etc.

- À la fin de l'entretien, interroger le recruteur sur le salaire, les possibilités de promotion…

Que faire après l'entretien ?

Noter les questions qui ont été posées et repérer :
– les questions sur lesquelles on a été mis en difficulté ;
– les questions auxquelles on a répondu facilement.

On pourra ainsi mieux préparer et améliorer un prochain entretien si l'on n'a pas obtenu l'emploi souhaité.

QUESTIONNAIRE D'EMBAUCHE

QUELQUES CONSEILS

- Arriver cinq minutes en avance, ni plus, ni moins!
- Motiver ses réponses: pas de « oui » ou « non » suivis de silence.
- Profiter des réponses que l'on fait sur son expérience pour poser des questions sur l'entreprise.
- Ne pas être trop bavard: toute information inutile est dangereuse pour le candidat.
- Ne pas avoir peur du silence: quand on a fini de parler, on peut sourire et poser une des questions que l'on a préparées.
- Ne jamais dire de mal de ses anciens employeurs.
- Montrer l'intérêt que l'on porte au poste.
- Ne parler du salaire qu'à la fin de l'entretien.

EXEMPLE DE QUESTIONNAIRE D'EMBAUCHE

Nom (en majuscules) . : *PIETRON*
Prénom .... : *Christelle*
Nationalité .... : *Française*
Adresse .... : *6, rue du Luxembourg*
.... : *08100 CHARLEVILLE-MÉZIÈRES*

Nom de jeune fille.... : *TARZE*
Né(e) le : *14 juin 1968* à : *CARIGNAN*
N° de Sécurité sociale : *268060834601*
N° de tél........... : *03.24.17.03.02*

Nombre d'enfants à charge: *1*

Prénom	Né(e) le
Romain	*20-01-1989*

Avez-vous votre permis de conduire ? OUI ~~NON~~ Si oui, lequel ? *permis B*
Moyen de locomotion habituel.......... : *automobile* *(véhicule léger)*

Catégorie professionnelle	Disponibilités
☐ Apprenti (AP) ☐ Ouvrier manœuvre (OM) ☐ Ouvrier hautement qualifié (OHQ) ☐ Ouvrier spécialisé (OS) ☒ Employé (EMP) ☐ Technicien (TEC) ☐ Cadre (CAD)	**Nuit OUI - ~~NON~~** .... **Week-end ~~OUI~~ - NON** .... Nationalité ☒ Française ☐ Étrangère : ....

Le contrat d'apprentissage

L'apprentissage permet d'apprendre un métier en travaillant chez un maître d'apprentissage et en suivant des cours dans un centre de formation des apprentis (CFA).

Qu'est-ce qu'un contrat d'apprentissage ?

- C'est un contrat par lequel l'apprenti :

–reçoit un salaire ;
–reçoit une formation professionnelle, d'une part dans l'entreprise et d'autre part dans un centre de formation ;
–s'engage à travailler pour son employeur pendant la durée du contrat ;
–s'engage à se présenter aux épreuves du diplôme prévu.

- Au début de l'apprentissage, il faut avoir entre 16 et 25 ans.

Quelle est la durée d'un contrat d'apprentissage ?

Un contrat d'apprentissage dure de un à trois ans selon la profession et le niveau de qualification visés. À la fin du contrat, l'apprenti passe un examen afin d'obtenir un diplôme et peut alors bénéficier d'une offre d'embauche si l'entreprise la lui propose.

Quelles conditions l'entreprise doit-elle satisfaire ?

L'entreprise doit pouvoir assurer une formation satisfaisante grâce :
–à son équipement ;
–aux techniques qu'elle utilise ;
–aux conditions de travail, d'hygiène et de sécurité qu'elle offre à ses employés ;
–aux compétences du maître d'apprentissage.

Quels sont les avantages de l'apprentissage pour l'employeur ?

Pour l'employeur, les avantages d'embaucher un apprenti sont notamment :
–une prise en charge par l'État d'une grande partie des cotisations sociales ;
–une indemnité forfaitaire versée par la région ;
–un crédit d'impôt.

Qu'est-ce que l'apprentissage junior ?

Il concerne les jeunes à partir de 14 ans et comprend deux périodes :
–un parcours d'initiation aux métiers avec des enseignements généraux, technologiques et pratiques ainsi que des stages dans plusieurs entreprises afin de découvrir plusieurs métiers (le jeune est alors inscrit en lycée professionnel ou en centre de formation des apprentis) ;
–à partir de l'âge de 15 ans, le contrat d'apprentissage peut être signé avec l'accord des parents ou du représentant légal.

CONTRAT D'APPRENTISSAGE

1

2

3

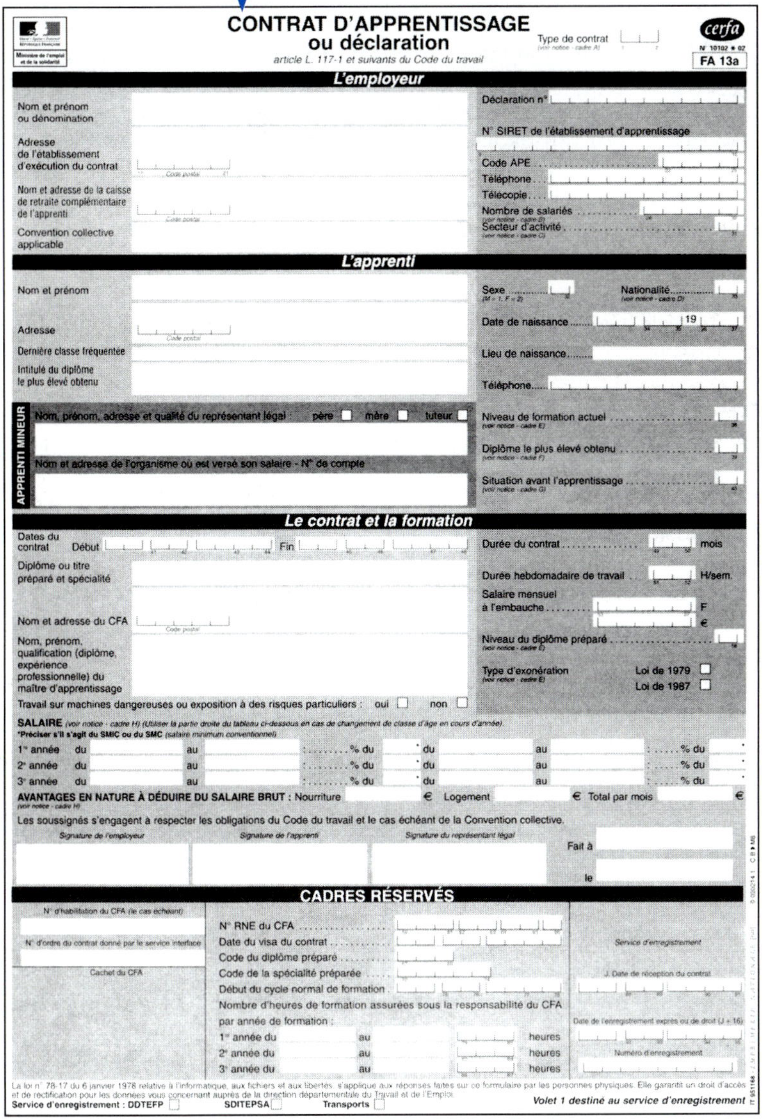

CONTRAT D'APPRENTISSAGE
ou déclaration
article L. 117-1 et suivants du Code du travail

Ministère de l'emploi et de la solidarité

Type de contrat (voir notice - cadre A)

cerfa N° 10102 * 02 — FA 13a

L'employeur

Nom et prénom ou dénomination

Adresse de l'établissement d'exécution du contrat — Code postal

Nom et adresse de la caisse de retraite complémentaire de l'apprenti — Code postal

Convention collective applicable

Déclaration n°

N° SIRET de l'établissement d'apprentissage

Code APE

Téléphone

Télécopie

Nombre de salariés (voir notice - cadre B)

Secteur d'activité (voir notice - cadre C)

L'apprenti

Nom et prénom

Adresse — Code postal

Dernière classe fréquentée

Intitulé du diplôme le plus élevé obtenu

Sexe (M = 1, F = 2)

Nationalité (voir notice - cadre D)

Date de naissance 19

Lieu de naissance

Téléphone

APPRENTI MINEUR

Nom, prénom, adresse et qualité du représentant légal : père ☐ mère ☐ tuteur ☐

Nom et adresse de l'organisme où est versé son salaire - N° de compte

Niveau de formation actuel (voir notice - cadre E)

Diplôme le plus élevé obtenu (voir notice - cadre F)

Situation avant l'apprentissage (voir notice - cadre G)

Le contrat et la formation

Dates du contrat Début Fin

Diplôme ou titre préparé et spécialité

Nom et adresse du CFA — Code postal

Nom, prénom, qualification (diplôme, expérience professionnelle) du maître d'apprentissage

Travail sur machines dangereuses ou exposition à des risques particuliers : oui ☐ non ☐

Durée du contrat mois

Durée hebdomadaire de travail H/sem.

Salaire mensuel à l'embauche F / €

Niveau du diplôme préparé (voir notice - cadre E)

Type d'exonération (voir notice - cadre E) Loi de 1979 ☐ Loi de 1987 ☐

SALAIRE (voir notice - cadre H) (Utiliser la partie droite du tableau ci-dessous en cas de changement de classe d'âge en cours d'année)
*Préciser s'il s'agit du SMIC ou du SMC (salaire minimum conventionnel)

1re année	du		au		:........% du	*	du	au	:.....% du	*
2e année	du		au		:........% du	*	du	au	:.....% du	*
3e année	du		au		:........% du	*	du	au	:.....% du	*

AVANTAGES EN NATURE À DÉDUIRE DU SALAIRE BRUT : Nourriture € Logement € Total par mois € (voir notice - cadre H)

Les soussignés s'engagent à respecter les obligations du Code du travail et le cas échéant de la Convention collective.

Signature de l'employeur — Signature de l'apprenti — Signature du représentant légal — Fait à — le

CADRES RÉSERVÉS

N° d'habilitation du CFA (le cas échéant)

N° d'ordre du contrat donné par le service interface

Cachet du CFA

N° RNE du CFA

Date du visa du contrat

Code du diplôme préparé

Code de la spécialité préparée

Début du cycle normal de formation

Nombre d'heures de formation assurées sous la responsabilité du CFA par année de formation :

1re année du — au — heures

2e année du — au — heures

3e année du — au — heures

Service d'enregistrement

J. Date de réception du contrat

Date de l'enregistrement exprès ou de droit (J + 16)

Numéro d'enregistrement

La loi n° 78-17 du 6 janvier 1978 relative à l'informatique, aux fichiers et aux libertés s'applique aux réponses faites sur ce formulaire par les personnes physiques. Elle garantit un droit d'accès et de rectification pour les données vous concernant auprès de la direction départementale du Travail et de l'Emploi.

Service d'enregistrement : DDTEFP ☐ SDITEPSA ☐ Transports ☐

Volet 1 destiné au service d'enregistrement

1 Ce contrat doit être déposé au plus tard un mois après la date d'embauche de l'apprenti.

2 Si l'apprenti a moins de 18 ans au moment de la signature du contrat.

3 Par exemple, de 18 à 20 ans, l'apprenti touche :
- 41 % du SMIC la première année ;
- 49 % du SMIC la deuxième année ;
- 65 % du SMIC la troisième année.

Le travail temporaire

Le travail temporaire consiste à travailler dans une entreprise qui sous-traite une partie de sa main-d'œuvre auprès d'une agence de travail temporaire. Ce type de travail permet de mettre fin à une période de chômage ou permet à de jeunes salariés d'acquérir une expérience professionnelle.

Qu'est-ce qu'une entreprise de travail temporaire ?

Une entreprise de travail temporaire est une entreprise qui assure à l'égard de l'employé les responsabilités d'un employeur, à l'exception des responsabilités qui concernent l'exécution d'un travail. Ces dernières responsabilités relèvent de l'entreprise où le salarié exécute sa mission.

Quels sont les types de contrat ?

En principe, le contrat de mission doit avoir un terme précis (contrat dit «de date à date») fixé dès la conclusion du contrat. Il est néanmoins possible, dans certains cas, de conclure un contrat sans terme précis (contrat dit «à durée minimale»). Les règles relatives à l'exécution de la mission varient en fonction du type de contrat conclu.

Dans quels cas un contrat de mission peut-il être conclu ?

▬ Un contrat de mission peut être conclu :
– quand il s'agit d'un emploi à caractère saisonnier ;
– quand il y a un accroissement temporaire de l'activité de l'entreprise ;
– quand il faut remplacer un salarié (en cas d'absence, de suspension de son contrat) ;
– après un licenciement économique ;
– dans l'attente de l'entrée en service effective d'un salarié recruté par CDI.
Attention : les durées varient selon le type de contrat !

▬ Le contrat doit préciser obligatoirement :
– le salaire de base ;
– les primes ;
– l'indemnité de fin de mission ;
– l'indemnité compensatrice de congés payés ;
– les frais professionnels.

▬ La durée du contrat est limitée au maximum à 18 mois (24 mois si la mission est exécutée à l'étranger).

Que se passe-t-il en cas de rupture de contrat ?

▬ Si l'entreprise de travail temporaire rompt le contrat, elle doit proposer au salarié un nouveau contrat dans un délai de trois jours ouvrables.

▬ Lorsque c'est l'intérimaire qui rompt son contrat, il peut se voir réclamer des dommages-intérêts.

LES MENTIONS D'UN CONTRAT DE MISSION

Ce contrat est conclu entre l'entreprise de travail temporaire et le salarié. Il doit être écrit et adressé à l'intérimaire, qui doit le retourner signé dans les deux jours qui suivent sa mise à disposition. Sa durée est limitée à 18 mois, excepté les contrats à durée minimale.

Mentions obligatoires du contrat de mission

Doivent figurer au contrat de mission, les mentions suivantes :
– celles qui figurent sur le contrat de mise à disposition ;
– la qualification du salarié ;
– les modalités de la rémunération due au salarié, y compris celles de l'indemnité de fin de mission (salaire de base, primes, indemnité de fin de mission, indemnité compensatrice de congés payés, frais professionnels) ;
– la mention selon laquelle l'embauche du salarié par l'utilisateur à l'issue de la mission n'est pas interdite ;
– une clause de rapatriement du salarié à la charge de l'entreprise de travail temporaire, si la mission est exécutée hors métropole. Cette clause devient caduque lorsque le salarié rompt le contrat de mission ;
– le nom et l'adresse de la caisse de retraite complémentaire et de l'organisme de prévoyance ;
– l'URSSAF auprès de laquelle est adressée la déclaration préalable à l'embauche (DPAE).
Si l'entreprise de travail temporaire ne respecte pas ces formalités, le contrat sort du champ d'application de la législation relative au travail temporaire et devient un contrat de droit commun. Il lui appartient, en conséquence, d'exiger de l'utilisateur les précisions nécessaires à la régularité du contrat.

Mentions facultatives du contrat de mission

Peuvent être insérées, le cas échéant :
– les conditions dans lesquelles s'effectue la période d'essai ;
– la possibilité pour le salarié de se faire délivrer une attestation ASSEDIC à la fin de la mission.

Le contrat d'accompagnement dans l'emploi

Un contrat d'accompagnement dans l'emploi (CAE) est un contrat de travail à durée déterminée. Cette convention entre l'État et l'employeur du secteur non marchand permet de faciliter l'insertion professionnelle des personnes sans emploi qui rencontrent des difficultés sociales et/ou professionnelles.

De quoi peut bénéficier le salarié ?

Le bénéficiaire du CAE a un statut de salarié à part entière rémunéré au SMIC mais il peut aussi bénéficier, selon les conventions, d'actions d'accompagnement et de formation prévues par l'employeur et stipulées dans le contrat (formation professionnelle, validation des acquis de l'expérience).

Où peut travailler le bénéficiaire d'un CAE ?

Le salarié peut être embauché :
– dans des collectivités territoriales et leurs groupements ;
– dans des organismes à but non lucratif ;
– dans des régies de transport ;
– dans des établissements de soins…

Quelles sont les caractéristiques du CAE ?

- Signification de quelques sigles :

– ALE : Agence locale pour l'emploi.
– URSSAF : Union de recouvrement des cotisations de Sécurité sociale et d'allocations familiales.
– MSA : Mutualité sociale agricole.
– CNASEA : Centre national pour l'aménagement des structures des exploitations agricoles.
– RMI : revenu minimum d'insertion.
– ASS : allocation spécifique de solidarité.
– API : allocation de parent isolé.

- Le contrat comporte plusieurs feuillets :

– un blanc transmis par l'ALE du CNASEA ;
– un jaune conservé par l'ALE ;
– un rose et un bleu remis à l'employeur qui envoie le feuillet bleu à l'organisme de recouvrement des cotisations sociales ;
– un vert remis au salarié par l'employeur.

- Le contrat (à durée déterminée) peut être conclu pour une durée minimale de 6 mois pouvant être renouvelée deux fois dans la limite de 24 mois.
- Sous réserve de clauses plus favorables, la rémunération est égale au SMIC.
- Le CAE est un contrat à temps complet ou à temps partiel. S'il est à temps partiel, la durée hebdomadaire du travail ne peut être inférieur à 20 heures.

CONTRAT D'ACCOMPAGNEMENT DANS L'EMPLOI

1 →

L'EMPLOYEUR

Dénomination : ____________
Adresse : ____________
Code postal : |_|_|_|_|_| ✆ |_|_|_|_|_|_|_|_|_|_|
Commune : ____________

Si l'adresse à laquelle les documents administratifs et financiers doivent être envoyés est différente de l'adresse ci-dessus, remplir la partie ci-dessous

Adresse : ____________
Code postal : |_|_|_|_|_| ✆ |_|_|_|_|_|_|_|_|_|_|
Commune : ____________
Adresse électronique : ____________

N° SIRET : |_|_|_|_|_|_|_|_|_|_|_|_|_|_|
Code APE : |_|_|_|_|
Code IDCC : |_|_|_|_|
(se référer au site www.travail.gouv.fr/idcc)
Statut de l'employeur : *(tableau 1)* |90|
Effectif salariés au 31 décembre : |_|_|_|_|_|
Atelier et Chantier d'Insertion : oui ☐ non ☐
Paiement par virement : bancaire ☐ CCP ☐
Fournir un RIB ou un RIP de l'employeur

Organisme de recouvrement des cotisations et contributions sociales compétent :

URSSAF ☐ MSA ☐ AUTRE ☐

LE SALARIÉ

M. ☐ Mme ☐ Mlle ☐ Nom : ____________ Prénom : ____________
Pour les femmes mariées, nom patronymique : ____________
Né(e) le |_|_|_|_|_|_|_|_| à : ____________ dept ou pays : ____________ Nationalité : France ☐
Adresse : ____________ Union européenne ☐
____________ Hors Union européenne ☐
Code postal : |_|_|_|_|_| Commune : ____________
✆ |_|_|_|_|_|_|_|_|_|_|

SITUATION DU SALARIÉ AVANT LA SIGNATURE DE LA CONVENTION

Niveau de formation : *(tableau 2)* |70|
Le salarié est-il inscrit à l'ANPE ? ☐ oui ☐ non si oui, depuis : ☐ moins de 6 mois ☐ de 6 à 11 mois ☐ 12 à 23 mois ☐ 24 et plus
Sans emploi : ☐ oui ☐ non si oui, depuis : ☐ moins de 6 mois ☐ de 6 à 11 mois ☐ 12 à 23 mois ☐ 24 et plus

Le salarié est-il bénéficiaire RMI : ☐ oui ☐ non ASS : ☐ oui ☐ non API : ☐ oui ☐ non
Si oui, depuis : ☐ moins de 6 mois ☐ de 6 à 11 mois ☐ 12 mois et plus
Le salarié est-il reconnu travailleur handicapé ? ☐ oui ☐ non

LE CONTRAT

Date d'embauche : |_|_|_|_|_|_|
Date prévue de fin de contrat : |_|_|_|_|_|_|
2 → Emploi proposé : *(Code ROME)* |_|_|_|_|_|
Salaire brut mensuel : |_|_|_|_|_| euros
Durée hebdomadaire de travail du salarié : |_|_| h |_|_| (heures, minutes)

Durée collective hebdomadaire de travail appliquée dans l'établissement : |_|_| h |_|_| (heures, minutes)

1 L'employeur et le directeur de l'Agence locale pour l'emploi (au nom de l'État) signent la convention.

2 Le ROME est le répertoire opérationnel des métiers et des emplois.

Le contrat de travail

Un contrat de travail est un document écrit qui fixe les rapports entre un employeur et un employé lors d'une embauche. Il est établi en deux exemplaires. En cas de conflit entre le salarié et le patron, le contrat de travail est une référence à laquelle il faut se reporter.

Quels sont les différents types de contrats de travail ?

Il existe trois grands types de contrats :
– le contrat de travail à durée indéterminée (CDI) ;
– le contrat de travail à durée déterminée (CDD) ;
– le contrat de travail temporaire (CTT ou d'intérim).

Qu'est-ce qu'un contrat de travail à durée indéterminée ?

C'est un contrat qui ne comporte qu'une seule date : celle de l'embauche. Il y a rupture de contrat quand le salarié démissionne ou quand il est licencié. Généralement, il n'est définitif qu'après une période d'essai.

Qu'est-ce qu'un contrat à durée déterminée ?

- Il peut indiquer deux dates précises : le début et la fin du contrat.
- Il peut être moins précis et indiquer, par exemple, que le contrat est signé pour une saison, pour la durée d'un chantier ou pour faire un travail bien précis.
- Il ne peut durer plus de 18 mois. Le contrat de travail à durée déterminée ne met en relation que deux personnes : l'employeur et l'employé.

Qu'est-ce qu'un contrat de travail temporaire ?

On parle aussi de travail intérimaire.
Il fait intervenir :
– l'employeur (le patron) ;
– l'entreprise de travail temporaire ;
– l'employé (le salarié).
C'est l'entreprise de travail temporaire qui met en relation l'employeur et l'employé.

Qu'est-ce qu'un contrat « nouvelles embauches » ?

C'est un contrat réservé aux entreprises de moins de 20 salariés. Il est à durée indéterminée, mais pendant les deux premières années, l'entreprise n'a pas à motiver de façon officielle les raisons de la rupture éventuelle du contrat. Toutefois, ce contrat respecte toute réglementation du Code du travail.

CONTRAT « NOUVELLES EMBAUCHES »

Contrat « nouvelles embauches » ← 2

Entre les soussignés :

3 → L'entreprise *(établissement / organisme)* ..., n° d'identification ..., dont l'adresse est ..., représentée par ... agissant en qualité de ... d'une part,

et

M ..., n° de Sécurité sociale ..., demeurant à ... d'autre part,

Il a été conclu le présent contrat de travail « nouvelles embauches » en application de l'ordonnance n° 2005-893 du 2 août 2005 : ← 1

1) Engagement

M ..., qui se déclare libre de tout engagement, est engagé(e) pour une durée indéterminée, à compter du ← 4 ... en qualité de ... *(indiquer emploi et qualification et, le cas échéant, coefficient ... ou niveau hiérarchique ...)*, sous réserve des résultats de la visite médicale d'embauche.

L'entreprise *(établissement / organisme)* ... s'engage à déclarer préalablement à son embauche M ... auprès de l'URSSAF *(ou de la MSA)* de ...

[...]

5 → **5) Dispositions particulières : rupture du contrat de travail**

Conformément à l'ordonnance n° 2005-893 du 2 août 2005, durant les deux premières années *(le cas échéant, il peut être retenu une durée inférieure à 2 ans)* suivant sa conclusion (à compter du ... jusqu'au ...), le contrat peut être rompu à l'initiative de l'entreprise *(établissement / organisme)* ... ou de M ... dans les conditions suivantes.

Notification :

6 → La rupture est notifiée par lettre recommandée avec demande d'avis de réception.

Préavis :

Lorsque l'entreprise *(établissement / organisme)* ... est à l'initiative de la rupture, la présentation de la lettre recommandée fait courir un préavis :

- de deux semaines à l'issue d'au moins un mois de présence dans l'entreprise ;
- d'un mois à l'issue d'au moins six mois de présence dans l'entreprise.

Indemnité :

Lorsque l'entreprise *(établissement / organisme)* ... est à l'initiative de la rupture, sauf faute grave, il est dû au salarié une indemnité égale à huit pour cent du montant total de la rémunération brute versée depuis la conclusion du contrat.

Le présent contrat est établi en deux exemplaires dont l'un devra être retourné dûment signé à ... représentant l'entreprise *(établissement / organisme)* ..., le plus tôt possible.

Fait à .... le ....

Signatures de l'employeur et du salarié (précédées de la mention « lu et approuvé »)

1 Le contrat doit préciser clairement qu'il s'agit d'un contrat « nouvelles embauches ».

2 Le contrat de travail doit obligatoirement être écrit.

3 L'entreprise (du secteur privé) ne doit compter au plus que 20 salariés.

4 Le CNE (contrat « nouvelles embauches ») est une nouvelle catégorie de contrat à durée indéterminée.

5 Ce contrat est soumis à toutes les prescriptions du Code du travail concernant la durée, la rémunération... mais il prend en compte des modalités particulières.

6 Contrairement à un CDI (contrat à durée indéterminée) classique, l'entreprise n'a pas à motiver la rupture durant les deux premières années du contrat.

Le bulletin de paie

Le bulletin de paie ou la fiche de paie sont des documents importants qu'il faut conserver à vie. Ils prouvent qu'on a cotisé aux caisses de retraite et de Sécurité sociale. Ils sont également nécessaires pour demander un prêt, pour louer un appartement...

Quand les travailleurs reçoivent-ils leur bulletin de paie ?

- L'employeur doit remettre un bulletin de paie aux apprentis et salariés de l'entreprise à chaque fois qu'ils reçoivent leur paie. La remise du bulletin de paie se fait généralement tous les mois.
- C'est un document original établi en un seul exemplaire. Il doit être conservé avec soin et sans limitation de durée.

Quelle est l'utilité du bulletin de paie ?

- Il prouve qu'il y a un contrat de travail entre l'employeur et le salarié.
- Il prouve que les cotisations de Sécurité sociale, de retraite complémentaire et de chômage sont retirées du salaire chaque mois. Il permet de vérifier le nombre d'heures de travail effectuées ainsi que leur taux horaire, la nature et le montant des différentes primes ou indemnités, le montant des différentes cotisations, etc.

Comment le montant du salaire est-il déterminé ?

- Le montant du salaire, ainsi que les avantages accordés (comme les indemnités...) sont fixés entre le salarié et l'employeur.
- Les conventions collectives fixent le salaire minimal applicable pour chaque profession et chaque catégorie professionnelle.

Quels sont les éléments du salaire ?

- Le salaire de base est la partie fixe du salaire déterminée par le contrat de travail.
- Les accessoires du salaire sont les primes, les heures supplémentaires, les avantages en nature et les indemnités accordés au salarié.

BULLETIN DE PAIE SIMPLIFIÉ

Aucun texte ne fixe une forme obligatoire de bulletin de paie. Le cas exposé ci-après à titre d'illustration, est celui d'un employé avec un salaire inférieur au plafond de la Sécurité sociale dans une entreprise occupant 12 salariés et appliquant un horaire hebdomadaire de 35 heures. Ce bulletin simplifié ne mentionne pas les cotisations patronales.

	BULLETIN DE PAIE			
	Période du .... au			
	ENTREPRISE		SALARIE	
	Nom..............................		Nom....................Prénom	
	Adresse...		Adresse...	
	N° Siret...		N° Sécurité sociale	
	Code APE		Emploi...............Classification	
1 →	URSSAF de	N°	Convention collective	
	SALAIRE BRUT ← 2			
	Salaire (base 151 h 67)	..........h	à.........€	.... €
	Complément différentiel RTT			.... €
	Heures supplémentaires à 10 %	..........h	à.........€	.... €
	Heures supplémentaires à 25 %	..........h	à.........€	.... €
	Heures supplémentaires à 50 %	..........h	à.........€	.... €
3 →	Primes.................			.... €
4 →	Avantages en nature..........		**Total brut**	.... €
				.... €
				.... €
	COTISATIONS SOCIALES			
		Base	Taux (%)	Montant
	- Sécurité sociale			
	- Assurance Chômage (dont AGS) Assédic (+ AGS)			
	- Retraite complémentaire (dont Agff) Arrco + Agff			
	-Prévoyance			
5 →	- CSG non-déductible CRDS			
	- CSG déductible			
			TOTAL COTISATIONS	
6 →	SALAIRE NET À PAYER		Payé le......	
	NET IMPOSABLE			
	Ce bulletin est à conserver sans limitation de durée			

1 L'URSSAF, c'est-à-dire l'Union de recouvrement de Sécurité sociale et d'allocations familiales, perçoit les cotisations salariales, patronales, de la CSG (contribution sociale généralisée), et contrôle le versement de ces cotisations.

2 Le salaire brut est le salaire dont le montant est évalué avant déduction des cotisations sociales.

3 Il existe différentes sortes de primes : de panier, de transport, d'ancienneté, de précarité, de participation...

4 Les avantages en nature peuvent porter sur la nourriture, le logement, le véhicule, les outils de communication (téléphone mobile, ordinateur).

5 La CSG et la CRDS sont prélevées sur le salaire, mais sont néanmoins imposables ; ce qui explique la différence entre le salaire à payer et le salaire net imposable.

6 Le salaire « net à payer » est le montant de la somme effectivement versée au salarié.

Les accidents du travail

Les accidents du travail sont des accidents qui surviennent sur le lieu de travail et pendant le trajet domicile-travail. Néanmoins, ils ne sont reconnus comme tels que si certaines conditions sont remplies. Un certain nombre de formalités sont à accomplir pour bénéficier des prestations sociales particulières à ce type d'arrêt de travail.

Quand s'agit-il d'un accident du travail ?

- On considère comme accident du travail un accident dont on peut être victime en tant que salarié titulaire d'un contrat de travail.
- Cet accident doit survenir :

–soit pendant le temps de travail et sur le lieu de travail ;
–soit sur le trajet aller-retour entre son lieu de travail et sa résidence habituelle ;
–soit sur le trajet aller-retour entre son lieu de travail et celui sur lequel on se rend pour prendre ses repas.

Attention : pour que l'accident de trajet soit reconnu, il faut n'avoir fait aucun détour et que le trajet ne soit pas interrompu.

Quelles démarches doivent être faites en cas d'accident du travail ?

- Il faut prévenir son employeur dans les 24 heures.
- L'employeur se chargera de déclarer l'accident à la caisse primaire d'assurance maladie (CPAM) dans les 48 heures (dimanches et jours fériés non compris), avec demande d'avis de réception. La déclaration d'accident du travail, établie par lui, décrit les circonstances détaillées de l'accident et indique les coordonnées des témoins éventuels.
- Un médecin choisi par le salarié doit rédiger un certificat médical qui indique les blessures constatées ainsi que la durée des soins ou de l'arrêt de travail.

Remarque : la CPAM procède à une enquête en cas d'accident mortel ou entraînant une incapacité permanente.

Qui est concerné ?

Il faut être dans l'une des situations suivantes :
–salarié ;
–stagiaire de la formation professionnelle ;
–élève ou étudiant d'un établissement technique ou d'un établissement d'enseignement secondaire ou spécialisé à l'occasion d'activités en atelier ou en laboratoire ;
–bénéficiaire d'un congé de conversion ;
–personne accomplissant un stage de réadaptation fonctionnelle ou de rééducation professionnelle ;
– bénéficiaire de l'allocation de revenu minimum d'insertion (RMI), pour les accidents survenus par le fait ou à l'occasion des actions favorisant l'insertion ;
–demandeur d'emploi : pour les accidents survenus par le fait ou à l'occasion d'actions :
  - d'aide à la création d'entreprise,
  - d'orientation, d'évaluation ou d'accompagnement de la recherche d'emploi dispensées ou prescrites par l'Agence nationale pour l'emploi,
  - spécifiques, ayant un contenu pédagogique.

DÉCLARATION D'ACCIDENT OU DE MALADIE

msa santé famille retraite services

cerfa
11451*03

FEUILLE D'ACCIDENT DU TRAVAIL OU DE MALADIE PROFESSIONNELLE

A conserver par la victime

(article L.751-27 du code rural)

1 → **En cas d'accident**, l'employeur doit, dès qu'il a connaissance de l'accident, **REMETTRE OBLIGATOIREMENT CETTE FEUILLE A LA VICTIME**, sous peine de sanctions.
En cas de maladie professionnelle, ou en cas de rechute (d'accident du travail ou de maladie professionnelle), la caisse de mutualité sociale agricole vous délivre cette feuille.

Cette feuille que la victime présente au médecin, à l'auxiliaire médical(e), à l'hôpital, au pharmacien ou au fournisseur, lui permet de se faire soigner et d'obtenir, à titre provisionnel, des médicaments et des fournitures, **SANS AVOIR A FAIRE L'AVANCE DES FRAIS** (pharmaceutiques, d'appareillage...) **ET HONORAIRES, dans la limite du tarif de responsabilité de l'assurance maladie.**

Une participation forfaitaire de 1€ sera déduite de vos remboursements ultérieurs pour chaque consultation ou acte réalisé par un médecin, ainsi que pour chaque examen radiologique ou analyse de biologie médicale et ce, à compter du 1er janvier 2005. Cette participation sera limitée à 50 € par an et par personne.
Cette information figurera sur votre relevé de remboursement ultérieur qui comportera la date et la nature de l'acte auquel se rapporte la participation forfaitaire de 1€ (loi n° 2004-810 du 13 août 2004, article 20, IV).

1 - EMPLOYEUR

(Ne pas remplir ce cadre si la victime ou le malade est un métayer assujetti aux assurances sociales agricoles) N° d'adhérent

NOM, prénoms :

DÉNOMINATION :

Adresse :

Code postal : Commune :

2 - VICTIME

2 → N° d'immatriculation :

3 → NOM PATRONYMIQUE : Prénoms :

4 → Nom marital :

Adresse :

Code postal : Commune :

3 - L'ACCIDENT DU TRAVAIL ou LA MALADIE PROFESSIONNELLE

Accident du travail		Maladie professionnelle	
Date		Date du certificat médical faisant état du caractère professionnel de la maladie	
Rechute du		Rechute du	

Lésions apparentes (1)

Nature

Siège

Fait à

Le

Signature

Si le déclarant n'est pas l'employeur

Nom, prénom

Qualité

(1) LESIONS APPARENTES - INDIQUEZ :
- si possible leur nature - par exemple : fracture, brûlure, gelure, amputation, contusion, inflammation, entorse, luxation, asphyxie, commotion, hernie, lumbago, intoxication, troubles visuels ou auditifs, déchirures musculaires ou tendineuses, lésions nerveuses, présence d'un corps étranger, etc... .
- le siège de ces lésions - par exemple : tête, yeux, membres supérieurs, mains, tronc, membres inférieurs, pieds etc... en précisant éventuellement côté droit ou gauche.

IMPORTANT : En cas d'arrêt de travail, la victime ne doit pas quitter la circonscription de la Caisse sans accord préalable de celle-ci, sauf circonstances exceptionnelles.

RESTITUTION ou DEMANDE DE RENOUVELLEMENT

La présente feuille doit être renvoyée par la victime d'un accident du travail ou d'une maladie professionnelle, à la Caisse : ← **5**
1- soit à la fin des soins ;
2- soit dès que l'un des cadres du verso est entièrement rempli.

Dans ce dernier cas, la victime doit signer dans le cadre ci-contre pour obtenir le renouvellement de la feuille d'accident du travail ou de maladie professionnelle.

Adresse où envoyer la nouvelle feuille, au cas où cette adresse serait différente de celle inscrite au cadre 2.

Réf. 103 ATA 05

1/2

1 L'employeur se charge aussi de déclarer l'accident à la caisse d'assurance maladie.

2 Le numéro figure sur la carte Vitale.

3 Nom de famille (nom de jeune fille pour les femmes mariées).

4 Nom du mari.

5 Il s'agit de la caisse d'assurance maladie (CPAM, MSA...) dont relève l'employé.

L'arrêt maladie

L'arrêt maladie est un arrêt de travail délivré par le médecin. Celui-ci en mentionne la durée sur l'avis d'arrêt de travail et indique si les sorties sont autorisées ou non. L'employeur doit être prévenu le plus rapidement possible. Des contrôles peuvent être effectués pour vérifier le respect des heures de sortie autorisées du malade.

Quels papiers reçoit-on du médecin lors de la consultation ?

Après l'examen du patient, le médecin peut prescrire un arrêt de travail. Dans ce cas, il joint à la feuille de maladie un avis d'arrêt de travail.

Que doit-on faire ?

- Il faut adresser ou faire remettre au médecin conseil du service médical de l'organisme d'assurance maladie dont on dépend les volets 1 et 2 de l'avis d'arrêt de travail. Cet envoi doit être effectué dans les deux jours qui suivent l'interruption du travail.
- Le volet 3 doit être remis à l'employeur ou à l'ASSEDIC (pour les demandeurs d'emploi).
- Il faut respecter les trois heures de sortie consécutives autorisées par jour.
- Si le malade est amené à quitter la circonscription de la caisse dont il dépend, il doit demander un accord avant son départ à son organisme d'assurance maladie.
- Au cours de la période d'arrêt maladie, il est possible que des contrôles soient effectués pour vérifier si le patient est présent à son domicile.
- Il faut cesser votre travail pendant la durée de l'indemnisation de votre arrêt maladie.
- Il faut se rendre aux convocations du contrôle médical.

Remarque: le non-respect de toutes ces dispositions peut entraîner la perte des indemnités journalières du malade.

Quelles indemnités reçoit un salarié ?

- Un salarié mensualisé ayant plus de trois ans d'ancienneté dans l'entreprise reçoit, en cas d'arrêt de travail, une indemnité complémentaire versée par l'employeur à partir du onzième jour. Cette indemnité complète celle versée par l'assurance maladie.
- L'assuré reçoit également une indemnité journalière égale à la moitié du salaire de base. Dans certains cas (enfants à charge...), cette indemnité peut être majorée.

Que se passe-t-il avec son employeur ?

- L'arrêt de travail pour maladie entraîne la suspension du contrat de travail. Le salarié doit:
  - informer son employeur dans les plus brefs délais;
  - adresser à son employeur un certificat médical dans un délai de 48 heures;
  - s'abstenir d'exercer toute activité;
  - reprendre le travail à la date prévue;
  - subir une visite médicale de reprise en cas de maladie professionnelle, ou d'absence de plus de 21 jours pour maladie non professionnelle, ou d'absences répétées pour raisons de santé.
- L'employeur peut soumettre le salarié à une contre-visite médicale. En cas d'absence du salarié ou de refus de la contre-visite, l'employeur est en droit de cesser de verser les indemnités complémentaires prévues par la loi.

AVIS D'ARRÊT DE TRAVAIL

cerfa
n°10170*03

avis d'arrêt de travail ☐ initial ☐ de prolongation (*) **volet 1, à adresser au service médical**

à adresser, dans les deux jours, à l'organisme d'assurance maladie, à l'aide de l'enveloppe M. le Médecin-Conseil
(art. L.162-4-1-1er al., L.162-4-4, L.315-2, L.321-1-5, L.323-6, R.321-2, D.323-2, L.376-1, D.615-23 et D.615-42 du Code de la sécurité sociale)

l'assuré(e)

2 →
numéro d'immatriculation
nom *(suivi, s'il y a lieu du nom d'époux(se))*
prénom
code de l'organisme de rattachement *(voir votre attestation papier vitale)*
adresse où le malade peut être visité *(1)*
code postal ville n° de téléphone :
bâtiment : escalier : étage : appartement : code d'accès de la résidence :
(1) l'accord préalable de votre caisse est OBLIGATOIRE *si cette adresse se situe hors de votre département de résidence*

Ce modèle est communiqué à titre d'information.
Pour votre démarche, le formulaire original vous sera fourni par l'organisme d'assurance maladie.

7 → **activité salariée** ☐ **profession indépendante** ☐ ← 9
sans emploi ☐ date de cessation d'activité précisez votre situation *(voir notice ❶)* ← 8

6 →
l'arrêt prescrit fait suite à un accident causé par un tiers *(voir notice ❷)* oui ☐ date non ☐
l'arrêt prescrit fait suite à une cure thermale oui ☐ non ☐
l'arrêt prescrit est en rapport avec l'affection pour laquelle vous êtes pensionné(e) de guerre oui ☐ non ☐

(*) si la prolongation de l'arrêt est prescrite par un médecin autre que le médecin traitant ou le médecin qui a prescrit l'arrêt initial, cochez la case correspondante :
médecin remplaçant le médecin traitant ou le médecin prescripteur initial ☐ médecin spécialiste consulté à la demande du médecin traitant ☐ à l'occasion d'une hospitalisation ☐
autre cas ☐ précisez et indiquez le motif :

l'employeur

nom, prénom ou dénomination sociale
adresse
n° téléphone :
e.mail :

les renseignements médicaux

je, soussigné(e), certifie avoir examiné (nom et prénom) :
et prescrit un arrêt de travail jusqu'au *(en toutes lettres)* : inclus ← 3

sans rapport* ☐ **en rapport*** ☐ avec une affection visée aux articles L.324-1 et R.615-69 du Code de la sécurité sociale *(voir notice ❸)*
sans rapport* ☐ **en rapport*** ☐ avec un état pathologique résultant de la grossesse *(voir notice ❹)*
** une des deux cases doit être obligatoirement cochée*

5 → **sorties autorisées** ☐ **de .... heures à .... heures à partir du**
(3 heures consécutives par jour - voir notice ❺)

reprise à temps partiel pour raison médicale ☐ **à partir du** *(voir notice ❻)*
(art. L.323-3 du Code sécurité sociale)

éléments d'ordre médical justifiant l'arrêt de travail et, le cas échéant, la modification des heures de sortie autorisées et la reprise à temps partiel :

4 → date

signature du praticien

identification du praticien et le cas échéant de l'établissement ← 1

S 3116e

La loi 78.17 du 6.1.78 modifiée relative à l'informatique, aux fichiers et aux libertés s'applique aux réponses faites sur ce formulaire. Elle garantit un droit d'accès et de rectification pour les données vous concernant.
La loi rend passible d'amende et/ou d'emprisonnement quiconque se rend coupable de fraudes ou de fausses déclarations (art. L.114-13 du Code de la sécurité sociale, 441-1 du Code pénal)

1 Identification du médecin.

2 Identification du patient.

3 Le patient doit reprendre son travail le lendemain de la date notée sur la feuille de soins, sauf si l'arrêt de travail est prolongé par le médecin.

4 Date de la consultation.

5 En cas d'absence lors d'un contrôle, les indemnités peuvent être supprimées.

6 Nature de l'arrêt de travail.

7 Faire parvenir à sa caisse, dès que possible, l'attestation de salaire établie par l'employeur.

8 Préciser si on est au chômage, si on a été licencié, si on a démissionné… car des indemnités journalières peuvent éventuellement être attribuées au patient.

9 Si on exerce une profession indépendante, conserver le volet 3.

L'ASSEDIC et l'ANPE

L'ASSEDIC assume la responsabilité des allocations versées au demandeur d'emploi. L'ANPE l'accompagne dans la recherche d'un nouvel emploi. S'y inscrire comme demandeur d'emploi n'est pas une obligation mais permet de trouver plus facilement un emploi et de ne pas perdre certaines prestations sociales.

Sous quelles conditions peut-on percevoir l'allocation chômage ?

Six conditions doivent être remplies :
–avoir travaillé au moins 6 mois durant les 22 mois écoulés ;
–ne pas avoir démissionné de son dernier emploi ;
–être inscrit comme demandeur d'emploi ;
–être apte au travail ;
–rechercher effectivement un travail ;
–ne pas être en âge de prendre sa retraite.

Quelles sont les obligations d'une personne inscrite ?

La personne inscrite est tenue :
– de se présenter :
  - à l'ASSEDIC pour faire une première évaluation personnalisée,
  - aux différentes convocations de l'ASSEDIC, de l'ANPE ou de tout autre organisme participant à sa recherche d'emploi ;
– d'être disponible ;
– de faire des démarches de recherche d'emploi ;
– d'effectuer les formations ou autres prestations proposées ;
– d'accepter les offres d'emploi proposées correspondant à ses capacités et qualifications.

Quelles sont les aides mises à la disposition d'une personne inscrite ?

▬ À partir du 4e mois d'inscription, la personne inscrite est reçue tous les mois par un même conseiller référent.

▬ Sa recherche d'emploi peut être effectuée grâce :
– aux panneaux d'affichage papier dans l'agence locale de l'ANPE ;
– aux bornes Internet de cette même agence ;
– au site Internet : www.anpe.fr ;
– aux journaux d'offres d'emploi.

▬ Un certain nombre d'outils sont aussi à sa disposition :
– le téléphone ;
– l'outil bureautique pour rédiger votre CV ;
– la photocopieuse…

▬ L'ANPE propose différents ateliers thématiques ; l'un deux peut aider le demandeur d'emploi à rédiger son CV afin qu'il soit précis, attractif, concis, bien présenté.

PROJET D'ACCÈS À L'EMPLOI

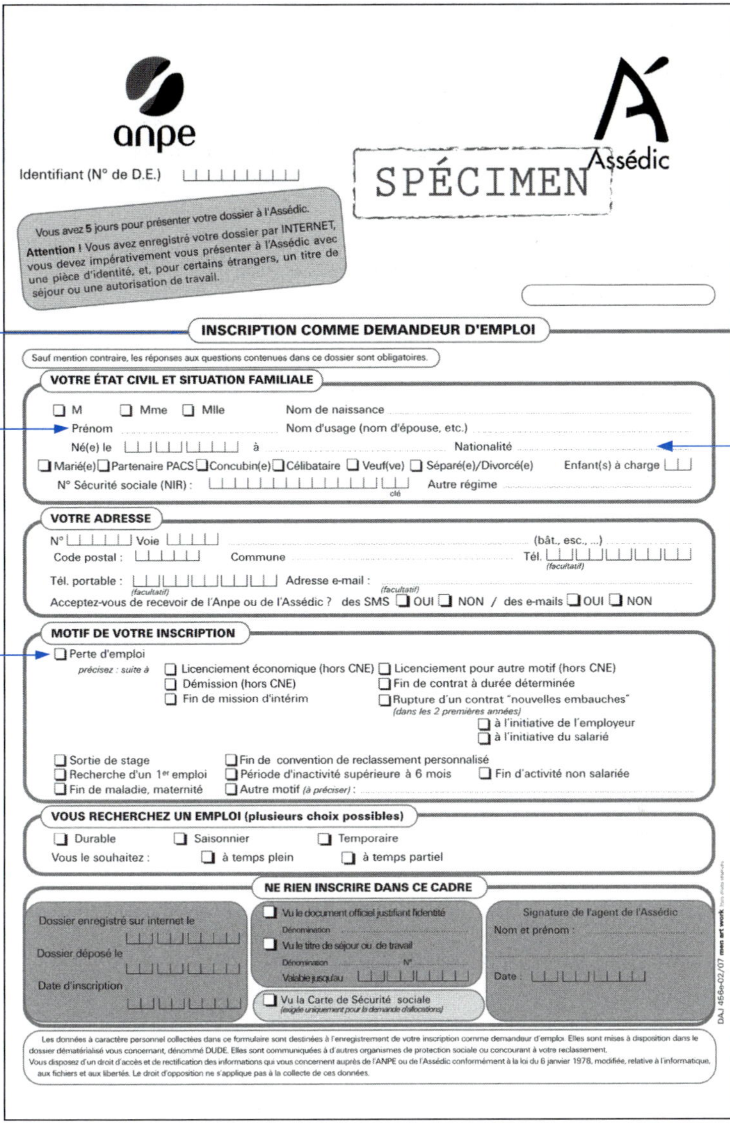

anpe

Identifiant (N° de D.E.)

SPÉCIMEN

Assédic

Vous avez **5** jours pour présenter votre dossier à l'Assédic.
Attention ! Vous avez enregistré votre dossier par INTERNET, vous devez impérativement vous présenter à l'Assédic avec une pièce d'identité, et, pour certains étrangers, un titre de séjour ou une autorisation de travail.

1 — **INSCRIPTION COMME DEMANDEUR D'EMPLOI**

Sauf mention contraire, les réponses aux questions contenues dans ce dossier sont obligatoires.

VOTRE ÉTAT CIVIL ET SITUATION FAMILIALE

❑ M ❑ Mme ❑ Mlle — Nom de naissance

2 — Prénom — Nom d'usage (nom d'épouse, etc.)

Né(e) le — à — Nationalité — 3

❑ Marié(e) ❑ Partenaire PACS ❑ Concubin(e) ❑ Célibataire ❑ Veuf(ve) ❑ Séparé(e)/Divorcé(e) — Enfant(s) à charge

N° Sécurité sociale (NIR) : — clé — Autre régime

VOTRE ADRESSE

N° — Voie — (bât., esc., ...)

Code postal : — Commune — Tél. *(facultatif)*

Tél. portable : *(facultatif)* — Adresse e-mail : *(facultatif)*

Acceptez-vous de recevoir de l'Anpe ou de l'Assédic ? des SMS ❑ OUI ❑ NON / des e-mails ❑ OUI ❑ NON

MOTIF DE VOTRE INSCRIPTION

4 — ❑ Perte d'emploi

précisez : suite à ❑ Licenciement économique (hors CNE) ❑ Licenciement pour autre motif (hors CNE)
❑ Démission (hors CNE) ❑ Fin de contrat à durée déterminée
❑ Fin de mission d'intérim ❑ Rupture d'un contrat "nouvelles embauches" *(dans les 2 premières années)*
❑ à l'initiative de l'employeur
❑ à l'initiative du salarié

❑ Sortie de stage ❑ Fin de convention de reclassement personnalisé
❑ Recherche d'un 1er emploi ❑ Période d'inactivité supérieure à 6 mois ❑ Fin d'activité non salariée
❑ Fin de maladie, maternité ❑ Autre motif *(à préciser)* :

VOUS RECHERCHEZ UN EMPLOI (plusieurs choix possibles)

❑ Durable ❑ Saisonnier ❑ Temporaire
Vous le souhaitez : ❑ à temps plein ❑ à temps partiel

NE RIEN INSCRIRE DANS CE CADRE

Dossier enregistré sur internet le
Dossier déposé le
Date d'inscription

❑ Vu le document officiel justifiant l'identité
Dénomination
❑ Vu le titre de séjour ou de travail
Dénomination — N°
Valable jusqu'au
❑ Vu la Carte de Sécurité sociale *(exigée uniquement pour la demande d'allocations)*

Signature de l'agent de l'Assédic
Nom et prénom :
Date :

DAJ 456e-02/07 men art work

Les données à caractère personnel collectées dans ce formulaire sont destinées à l'enregistrement de votre inscription comme demandeur d'emploi. Elles sont mises à disposition dans le dossier dématérialisé vous concernant, dénommé DUDE. Elles sont communiquées à d'autres organismes de protection sociale ou concourant à votre reclassement.
Vous disposez d'un droit d'accès et de rectification des informations qui vous concernent auprès de l'ANPE ou de l'Assédic conformément à la loi du 6 janvier 1978, modifiée, relative à l'informatique, aux fichiers et aux libertés. Le droit d'opposition ne s'applique pas à la collecte de ces données.

1 Il faut rendre le dossier dans les 5 jours à l'ASSEDIC. Le demandeur d'emploi sera ainsi inscrit à partir du jour où il est venu retirer ce dossier.

2 Il faut écrire en lettres majuscules.

3 Les personnes étrangères doivent fournir un titre de séjour ou une autorisation de travail.

4 Il faut fournir l'original de l'attestation ASSEDIC remplie par son ancien employeur et remise lors de son départ. Il peut y en avoir plusieurs si on a eu plusieurs emplois au cours des 13 derniers mois.

La retraite du régime général de la Sécurité sociale

Lorsque la carrière du salarié s'achève, il est important pour lui de réfléchir à ses futures occupations. Il est surtout nécessaire de constituer dès maintenant son dossier de retraite.

Comment connaître son régime de retraite?

Les régimes de retraite sont nombreux. Les salariés de l'industrie et du commerce sont affiliés au régime général de la Sécurité sociale. Les autres salariés (fonctionnaires, employés de la SNCF...), les travailleurs indépendants et les professions libérales ont leur propre régime. Le régime d'affiliation dépend donc de la profession. Selon le déroulement de la carrière, de l'individu, il est possible d'être affilié successivement à plusieurs régimes.

À quel âge peut-on faire valoir ses droits à la retraite?

- Pour les employés affiliés au régime général de la Sécurité sociale, il faut être âgé d'au moins 60 ans pour faire valoir ses droits.
- On peut demander à sa caisse de retraite une demande de relevé de carrière. Cette demande de relevé peut être faite plusieurs années avant l'âge de la retraite; elle permet d'estimer le montant futur de la retraite et de vérifier que tout a été pris en compte. À partir de 2007, deux nouveaux outils sont progressivement mis en place afin de simplifier les démarches: «le relevé de situation individuel» et «la première estimation indicative globale».

Quelles conditions remplir pour bénéficier d'une retraite à taux plein?

- On bénéficie d'une retraite à taux plein (50 %):

– si on justifie d'un nombre suffisant de trimestres d'assurance vieillesse (depuis le 1er janvier 2003, il faut justifier de 160 trimestres, quelle que soit la date de naissance du salarié) ou de périodes reconnues équivalentes, tous régimes confondus;
– quelle que soit sa durée d'assurance, si l'on est:
  - inapte au travail,
  - ancien combattant, prisonnier de guerre, déporté et interné politique ou de la résistance,
  - mère de famille ouvrière justifiant de 30 années d'assurance, ayant élevé au moins trois enfants.

- Dans les autres cas, il est possible de prendre sa retraite, mais à taux réduit. En cas de décès, le conjoint survivant peut bénéficier d'une pension de réversion (*cf.* p. 66-67).

Qu'appelle-t-on «répartition» et «capitalisation»?

- Régime par répartition: les cotisations versées par les adhérents actifs sont immédiatement réparties entre les retraités.
- Régime par capitalisation: les cotisations versées par les actifs sont placées. À l'âge de la retraite, l'adhérent reçoit une rente viagère correspondant au capital ainsi constitué.

DEMANDE DE RELEVÉ DE CARRIÈRE

Le salaire annuel moyen retenu pour le calcul de la retraite

Depuis 1948, il est calculé à partir des salaires annuels sur lesquels le salarié a cotisé.
Ils sont revalorisés et une moyenne des meilleures années est établie.

Le nombre des meilleures années retenues varie en fonction de l'année de naissance du salarié.

Les 10 meilleures années sont retenues si le salarié est né avant 1934, 11 s'il est né en 1934, 12 en 1935, 13 en 1936, 14 en 1937, 15 en 1938, 16 en 1939, 17 en 1940, 18 en 1941, 19 en 1942, 20 en 1943, 21 en 1944, 22 en 1945, 23 en 1946, 24 en 1947, 25 en 1948.

À compter du 1er janvier 2008, les 25 meilleures années sont prises en compte, quelle que soit la date de naissance du salarié.

Modèle de texte pour demander un relevé de carrière à la Sécurité sociale

Carole LEBLANC
5 rue des Tilleuls
59000 LILLE

À ..., le ...

CRAM, Branche Vieillesse
Adresse... ← **1**

N° de SS : 2 40 04 50...
Nom de naissance : DUFORT ← **2**
Nom d'épouse : LEBLANC
Prénoms : Carole, Marie, Jeanne
Née le 6 avril 1940
à SAINT-LÔ (Manche)

Messieurs,

Je vous prie de bien vouloir me faire parvenir mon relevé de carrière. ← **3**

Je vous en remercie à l'avance.

Veuillez recevoir mes salutations distinguées.

(Signature)

C. LEBLANC

1 À adresser à la caisse de Sécurité sociale.
2 Toujours indiquer son numéro de Sécurité sociale et ses prénoms et nom au complet.
3 Cette demande peut être faite par Internet : www.retraite.cnav.fr.

La retraite complémentaire

À la pension de vieillesse de la Sécurité sociale et du régime agricole salarié s'ajoute la retraite complémentaire. Les caisses de retraite complémentaire ont pris naissance en 1945, mais elles n'ont été rendues obligatoires que depuis décembre 1972. La retraite complémentaire n'est pas accordée automatiquement, il faut en faire la demande.

À quelle caisse de retraite complémentaire est-on affilié ?

- La caisse d'affiliation dépend de l'activité de l'entreprise et de la qualification de l'individu en tant que salarié. La cotisation est obligatoire depuis le 1er janvier 1973.
- L'ARRCO est l'Association des régimes de retraite complémentaire qui concerne tous les salariés. L'AGIRC (Association générale des institutions de retraite des cadres) concerne les cadres.
- D'autres régimes existent pour certaines catégories, comme l'IRCANTEC (Institution de retraite complémentaire des agents non titulaires de l'État et des collectivités publiques), par exemple.

À quel âge peut-on bénéficier de la retraite complémentaire ?

L'âge normal est de 65 ans. Néanmoins, il est possible d'en bénéficier à partir de 60 ans pour les salariés inaptes au travail, pour les anciens combattants, pour les ouvrières mères de famille (sous certaines conditions), pour les titulaires d'une carte de déporté ou interné, pour les mineurs de fond ou pour les salariés qui ont 160 trimestres de cotisation.

De quoi dépend le montant de la retraite ?

Ce montant dépend :
– de la durée d'activité de l'individu ;
– du montant des salaires que l'individu a perçus ;
– du taux des cotisations que l'individu a versées à son régime de retraite complémentaire.

Quelles sont les démarches à effectuer ?

Il faut s'adresser, 4 mois avant la date prévue du départ en retraite, à la caisse de retraite complémentaire ou à un CICAS (Centre d'information et de coordination de l'action sociale) pour y retirer un dossier de demande de retraite complémentaire dans lequel seront précisés les justificatifs à fournir, notamment :
– une photocopie de la carte d'identité ou du passeport en cours de validité si le demandeur n'a pas eu d'enfant (à défaut, une photocopie du livret de famille ou un extrait d'acte de naissance) ;
– une photocopie du livret de famille, si le demandeur a eu un ou plusieurs enfants (à défaut, une photocopie de la carte d'identité ou du passeport en cours de validité et un extrait d'acte de naissance de chaque enfant) ;
– un relevé d'identité bancaire, postal ou de Caisse d'épargne ;
– le numéro d'immatriculation à la Sécurité sociale du demandeur.

DEMANDE DE RETRAITE COMPLÉMENTAIRE

1 →

Demande
de retraite complémentaire

RETRAITE COMPLÉMENTAIRE
agirc et arrco

Votre identité (Écrire en lettres majuscules et en noir)

NOM DE NAISSANCE ....

PRÉNOMS (souligner le prénom courant) ....

NOM DU MARI (s'il y a lieu) ....

NOM D'USAGE AUTHENTIFIÉ (s'il y a lieu) ....

DATE DE NAISSANCE Jour |_|_| Mois |_|_| Année |_|_|_|_|

LIEU DE NAISSANCE ....

N° DE SÉCURITÉ SOCIALE |_|_|_|_|_|_|_|_|_|_|_|_|_| clé |_|_|

Si le n° de Sécurité sociale est incomplet, précisez la commune de naissance, le département, le pays ....

....

Autre Régime (Mutualité Sociale Agricole, Mines, Monaco, Andorre) N° ....

Votre adresse

....

....

....

Code postal |_|_|_|_|_| Ville ....

Pays .... Tél. ....

Adresse électronique (courriel) .... Tél. ....

À quel titre demandez-vous votre retraite ?

À QUEL TITRE AVEZ-VOUS DEMANDÉ VOTRE RETRAITE À UN RÉGIME DE SÉCURITÉ SOCIALE ?
(Cochez la case correspondante)

À partir de 65 ans ☐ À partir de 60 ans avec le nombre de trimestres exigés pour obtenir le taux plein ☐

Inaptitude au travail ☐ Autre (ancien combattant...) ☐
Précisez à quel titre : ....

Retraite progressive ☐

Vous n'entrez dans aucune des catégories précédentes ☐
Vous demandez votre retraite par anticipation (âge minimum : 55 ans)
▶ Votre caisse de retraite vous indiquera le coefficient de minoration de votre allocation.

AVEZ-VOUS COTISÉ AU **RÉGIME DE RETRAITE DES CADRES AGIRC** AU COURS DE VOTRE CARRIÈRE ? Oui ☐ Non ☐
(Si vous avez été cadre supérieur, reportez-vous à la notice explicative)

01/05

1 Cette demande comporte un second feuillet où l'on doit préciser un certain nombre de renseignements concernant sa situation familiale, la date de cessation de son activité salariée.

FAMILLE

TRAVAIL

ADMINISTRATION

LOGEMENT

TRANSPORT

VIE PRATIQUE

La retraite de réversion

La retraite de réversion est, pour un individu, le fait de bénéficier d'une partie de la pension que percevait ou aurait pu percevoir son (sa) conjoint(e) décédé(e). Comme toutes les retraites, elle n'est pas accordée automatiquement ; il faut en faire la demande.

À quelles conditions peut-on obtenir la retraite de réversion ?

Une personne a droit à une retraite de réversion si :

– elle a été mariée avec la personne décédée (la vie maritale et le PACS ne le permettent pas) ;

– elle a au moins 52 ans. Cet âge est progressivement abaissé à :
  - 51 ans depuis le 1er juillet 2007,
  - 50 ans à partir du 1er juillet 2009,
  - aucune condition d'âge à partir du 1er janvier 2011 ;

– elle dispose de ressources ne dépassant pas un plafond autorisé. Au 1er janvier 2007, le plafond trimestriel est fixé à :
  - 4 300,40 € si la personne vit seule,
  - 6 880,64 € si cette personne vit en couple.

Quel est le montant de la pension de réversion ?

- Le montant est égal à environ la moitié de la pension que percevait ou qu'aurait perçu le (la) conjoint(e).
- La pension de réversion peut se cumuler dans une certaine limite avec la pension de retraite.

Comment obtenir la pension de réversion ?

- Il faut se procurer l'imprimé « Demande de retraite de réversion » en s'adressant à la Caisse nationale d'assurance vieillesse (site Internet : www.cnav.fr).
- Au dossier, il faudra joindre :

– une copie de l'acte de naissance du (de la) conjoint(e) délivrée par la mairie de son lieu de naissance ;

– un relevé d'identité bancaire, postal ou de Caisse d'épargne ;

– une photocopie du dernier avis d'impôt sur le revenu du demandeur.

- Il faut ensuite adresser ce dossier à la caisse du régime de dernière activité du (de la) conjoint(e).
- Si la demande est effectuée dans les 12 mois qui suivent le décès, le point de départ de la pension sera fixé au premier jour du mois suivant le décès. Sinon, il sera fixé au premier jour du mois suivant la demande.
- La pension de réversion peut être partagée entre plusieurs conjoints non remariés, proportionnellement à la durée de chaque mariage.

DEMANDE DE RETRAITE DE RÉVERSION

la Retraite solidaire

Demande de retraite de réversion
Salarié du régime général, (art. L.353-1 et suivants du code de la sécurité sociale)
Salarié et non salarié agricole (art. L.732-41 du code rural), artisan et commerçant (art. L.634-2 du code de la sécurité sociale), professionnel libéral (art. L.643-7 du code de la sécurité sociale)

Cerfa
N° (en cours)

Important : merci de remplir ce formulaire en noir, en lettres majuscules et avec les accents.

Vous-même

Madame ☐ Monsieur ☐

Votre nom *(de naissance)* :
Votre nom d'époux ou d'épouse *(s'il y a lieu)* :
Si vous portez un autre nom, indiquez-le :
Vos prénoms *(soulignez votre prénom courant)* :
Votre date de naissance : Votre nationalité :
Commune de naissance : Département : Pays :
(indiquez l'arrondissement pour Paris, Lyon, Marseille)
Téléphone *(pour nous permettre de vous contacter en cas de nécessité)* :
Votre adresse :
Code postal : Commune : Pays :
Votre n° de Sécurité sociale ou de Mutualité Sociale Agricole :
Votre n° RSI/ORGANIC (commerçants) : Votre n° RSI/AVA (artisans) :
Votre ou vos caisses de profession libérale : n°(s) :

Votre situation de famille actuelle ← 1

Veuf(ve) le Séparé(e) le Divorcé(e) le
Votre conjoint(e) est porté(e) disparu(e) depuis le
Vous êtes remarié(e) depuis le Vous vivez en concubinage depuis le
Vous avez conclu un PACS depuis le

Votre conjoint(e) ou ex-conjoint(e), décédé(e) ou disparu(e)

Cette rubrique concerne : votre conjoint(e) décédé(e) → si vous êtes veuf(ve)
votre ex-conjoint(e) décédé(e) → si vous êtes divorcé(e) ou remarié(e)

Son nom *(de naissance)* : Son nom d'époux ou d'épouse :
Ses prénoms *(soulignez son prénom courant)* :
Sa date de naissance : Sa nationalité :
Commune de naissance : Département : Pays :
(indiquez l'arrondissement pour Paris, Lyon, Marseille)
Date de mariage : Sa date de décès ou de disparition :
Son n° de Sécurité sociale ou de Mutualité Sociale Agricole :
Son n° RSI/ORGANIC (commerçants) : Son n° RSI/AVA (artisans) :
Sa ou ses caisses de profession libérale : n°(s) :

Votre conjoint(e) actuel(le) ou partenaire PACS ou concubin(e) ← 2

Son nom *(de naissance)* : Son nom d'époux ou d'épouse :
Ses prénoms *(soulignez son prénom courant)* :
Sa date de naissance : Sa nationalité :
Commune de naissance : Département : Pays :
(indiquez l'arrondissement pour Paris, Lyon, Marseille)
Son n° de Sécurité sociale ou de Mutualité Sociale Agricole :
Son n° RSI/ORGANIC (commerçants) : Son n° RSI/AVA (artisans) :
Sa ou ses caisses de profession libérale : n°(s) :

.... ▶ ← 3

1 Il faut déclarer les ressources du (de la) conjoint(e) quand le demandeur vit en couple suite à un remariage, PACS, concubinage car ces ressources sont retenues.

2 Il faut joindre à ce formulaire une déclaration de ressources (celles des 3 derniers mois).

3 La suite du formulaire permet de mentionner tous les enfants (ceux du demandeur, ceux du conjoint, les enfants recueillis, adoptés).

Les impôts

Les impôts directs ou indirects sont des contributions versées à l'État ou aux collectivités locales, départementales ou régionales. Ils permettent aux organismes qui les reçoivent de fonctionner ou d'investir en créant des écoles ou en développant l'infrastructure routière, par exemple.

Quels sont les différents impôts ?

Les *impôts directs*, c'est-à-dire :
– les impôts sur le revenu payés à l'État ;
– les impôts fonciers payés aux communes, départements, régions et autres ;
– la taxe d'habitation payée aux communes, départements, régions et autres ;
– la CSG (contribution sociale généralisée) : impôt à la source, c'est-à-dire prélevé sur le salaire brut ;
– la CRDS (contribution au remboursement de la dette sociale), prélevée également sur le salaire brut.

Les *impôts indirects*, c'est-à-dire :
– la TVA, taxe sur la valeur ajoutée ;
– les droits d'enregistrement ;
– les droits de timbre.
Tous ces impôts indirects sont payés à l'État.

Quand doit-on payer ces impôts ?

La taxe d'habitation doit être payée en totalité par la personne qui occupe un logement au 1er janvier de l'année indiquée. Elle se paie une fois par an en fin d'année ou par mois.

Les impôts sur le revenu se paient :
– par tiers : une première partie pour le 15 février, une deuxième partie pour le 15 mai et la dernière partie en fin d'année ;
– par mois si on en fait la demande.

Les impôts fonciers se paient une fois par an en fin d'année :
– on paie la totalité des impôts fonciers si on est propriétaire de son habitation ;
– on ne paie qu'une partie (la taxe d'enlèvement des ordures ménagères) de ces impôts si on est locataire.

La TVA est prélevée sur tout ce que l'on achète.

Les droits d'enregistrement se paient lors :
– de l'achat d'une habitation ;
– d'une succession ;
– de la signature d'un bail…

Les droits de timbre se paient sur :
– les passeports ;
– les quittances de loyer…

AVIS D'IMPOSITION

VF0010871

Liberté • Égalité • Fraternité
RÉPUBLIQUE FRANÇAISE

AVIS D'IMPOSITION

TAXE D'HABITATION

votée et perçue par la commune, le département et divers organismes

2006

IDENTIFICATION DE VOTRE IMPOSITION

DÉPARTEMENT	03(
COMMUNE	29!
LIEU DE L'IMPOSITION	0660

OCCUPANT(S) C

Identifiant	Désignation	Nature	Revenu (RFR) ❶	Parts-Anné
		S		2,00 5

DÉTAIL DU CALCUL DES COTISATIONS

Éléments de calcul	Commune	Syndicat de communes	Inter-communalité	Département	Taxe spéciale d'équipement	Total des cotisations
1 → Valeur locative brute ❶	3903			3903		
Valeur locative moyenne	2490			2490		
❷ ABATTEMENTS • général à la base	15 % 374		%	15 % 374		
• personne(s) à charge						
– par personne rang 1 ou 2 pour personne(s)	10 %		%	10 %		
– par personne rang 3 ou + pour personne(s)	15 %		%	15 %		
• spécial à la base	%		%	%		
Base nette d'imposition ❸	3529			3529		
Taux d'imposition 2006	11,99 %	%	%	8,81 %	%	
Cotisations 2006 ❹	423			311		73(
Rappel taux d'imposition 2005	11,99 %	%	%	8,31 %	%	
Rappel cotisations 2005						
Variation en valeur ⓫						
en pourcentage	%	%	%	%	%	
2 → Abattements de référence 2003/2006 ❺	Commune	Syndicat	Inter-communalité	Département	TSE	
• général à la base						
• personnes à charge (rang 1 ou 2)						
• personnes à charge (rang 3 ou +)						
• spécial à la base						

ÉVOLUTION DES IMPOSITIONS ENTRE 2005 ET 2006	ANNÉE 2005	ANNÉE 2006	En valeur	En pourcentage		
(a) Cotisations				%	Frais de gestion ❻	+ 32
(b) Allègements				%	Prélèvement pour ❻ base élevée	
(c) = (a) – (b) Somme à payer				%	Plafonnement ❼ selon le revenu	

LOCAUX TAXÉS : NOMBRE 01 RÉGIME P

Taux global 2000	Identifiant	Nature	DF	AFF	VL revalorisée
18,22 %		MAISON		H	3903
Cotisation-référence 2003 ❺					

Montant de votre impôt 766

-Il n'est pas possible d'éditer l'évolution de vos cotisations, voir renvoi 11 au verso.

MINISTÈRE DE L'ÉCONOMIE

1 La valeur locative brute est calculée d'après les caractéristiques du logement : superficie, confort, état, situation…

2 Ce sont les différents organismes (commune, département…) qui fixent l'abattement.

La déclaration des revenus

La déclaration préremplie simplifiée est adressée au contribuable par la direction générale des impôts afin de l'aider à déclarer ses revenus. Cet imprimé comporte les rubriques « salaires » et « pensions » ainsi que les réductions et les crédits d'impôt les plus courants.

Qu'est-ce qui entre en compte dans la déclaration de revenus ?

- Les traitements, primes, avantages en nature ainsi que certaines allocations (chômage, de préretraite) sont à déclarer.
- Certaines sommes ne sont pas à déclarer, comme les prestations familiales, certaines indemnités versées en cas d'accident du travail ou de maladie, de stage... (voir la liste officielle qui figure en général sur le document explicatif joint à la feuille de déclaration).

Comment se renseigner ?

On trouve des renseignements sur la déclaration des revenus :
– auprès du centre des impôts : voir jours et heures d'ouverture au public. Éventuellement auprès du service d'accueil de ce centre. Une notice est à disposition ainsi que des dépliants traitant de cas particuliers (mariage, divorce, enfants à charge, revenus divers, frais professionnels...) ;
– sur le site Internet www.impots.gouv.fr ;
– grâce au serveur vocal 08.91.67.10.10.

Où envoyer la déclaration ?

- Il faut envoyer la déclaration de revenus au centre des impôts dont dépend le domicile. L'envoi doit être correctement affranchi. Tout citoyen doit déclarer ses revenus, même s'il n'a pas d'impôts à payer.
- Les citoyens peuvent également déclarer leurs revenus par le biais d'Internet en s'inscrivant sur le site : www.impots.gouv.fr ; ils bénéficient alors d'une réduction de 20 €.

De quelles manières peut-on payer ses impôts ?

- *La mensualisation*

Un échéancier est proposé ; il précise le montant dû au titre de l'impôt sur le revenu par mois (des modifications peuvent être faites le cas échéant).

- *Le prélèvement à l'échéance*

Le citoyen paie l'impôt chaque année en trois fois.

- *Le télépaiement*

Le citoyen paie ses impôts en utilisant Internet. En recourant au télépaiement, les particuliers bénéficient d'un délai supplémentaire après la date d'échéance pour payer directement leurs impôts en ligne. Le prélèvement n'est ensuite effectué que 10 jours après la date d'échéance pour l'impôt sur le revenu, la taxe d'habitation et la taxe foncière.

DÉCLARATION PRÉREMPLIE SIMPLIFIÉE

1 →

A175897 E N — ADR AU 1.1.2005 — CHAUNIER 03250 LA GUILLERMIE — N° 2042 SK DPR

DÉCLARATION PRÉREMPLIE SIMPLIFIÉE - REVENUS 2005

863101040200007

Liberté • Égalité • Fraternité
RÉPUBLIQUE FRANÇAISE

Pour vous renseigner, un numéro : 04 70 30 85 13
ou encore, une adresse internet : cdi.vichy@dgi.finances.gouv.fr
ou bien, adressez-vous au : CDI VICHY SAID SUD-EST 8 RUE DU BIEF BP 92 03307 CUSSET CEDEX

Renvoyez un exemplaire à l'adresse ci-contre au plus tard le **31 mai**
Signez votre déclaration page 4

tempostG4 63 CLERMONT CTC 24.04.06 CID96A

86310104020007

VOUS POUVEZ AUSSI DÉCLARER SUR WWW.IMPOTS.GOUV.FR JUSQU'AU 27 juin

En cas de changement d'adresse, en 2005 ou en 2006, merci de compléter les informations au bas de la page

NLE ADRESSE

ÉTAT CIVIL DU OU DES DÉCLARANTS Complétez les informations absentes et corrigez les erreurs éventuelles

Monsieur		Madame
	Nom	
	Nom de naissance	
	Prénoms	
	Date de naissance	
COMMUNE (OU PAYS SI NÉ(E) À L'ÉTRANGER)	Lieu de naissance	COMMUNE (OU PAYS SI NÉ(E) À L'ÉTRANGER)

Pour les couples mariés : Madame, si vous souhaitez voir figurer votre nom de naissance sur nos courriers, veuillez cocher la case ci-contre : ☒

Nous avons imprimé sur votre déclaration votre situation de famille et certains revenus de l'année 2005.

Merci de bien vouloir vérifier l'ensemble de ces informations et les corriger si nécessaire.
Complétez, si besoin est, votre déclaration de vos autres revenus, charges et réductions comme indiqué dans le document joint. ← **2**

Signez et adressez votre déclaration à votre centre des impôts avant le 31 mai 2006.
Vous pouvez aussi choisir de déclarer en ligne sur www.impots.gouv.fr (24 heures sur 24 – 7 jours sur 7) en bénéficiant d'un délai supplémentaire.

3 → **REDEVANCE AUDIOVISUELLE**

Cochez la case **si aucune de vos résidences** (principale ou secondaire) **n'est équipée d'un téléviseur** (voir notice) : ☐ ØRA

CHANGEMENTS D'ADRESSE

SI VOUS AVEZ DEMENAGE EN 2005, VEUILLEZ COMPLETER CI-DESSOUS TOUTES LES INDICATIONS UTILES POUR PRECISER L'ADRESSE DE VOTRE DOMICILE (BATIMENT, ESCALIER, N° APPARTEMENT,...).

Si vous avez déménagé en 2005, indiquez votre adresse au 1er janvier 2006 (pour le calcul correct de votre taxe d'habitation)

Appt. — Étage — Esc. — Bâtiment — Nbre de pièces — N° et Rue
Résidence — Code postal — Commune
À ce domicile, vous êtes propriétaire — locataire — occupant à titre gratuit — Nom du propriétaire

Si vous avez déménagé après le 1er janvier 2006, indiquez votre adresse actuelle (pour recevoir sans difficulté votre courrier)

Appt. — Étage — Esc. — Bâtiment — Nbre de pièces — N° et Rue
Résidence — Code postal — Commune
À ce domicile, vous êtes propriétaire — locataire — occupant à titre gratuit — Nom du propriétaire

N° Télédéclarant	N° fiscal vous	N° fiscal conjoint	N° FIP
0000000	0000 000 000000 X	0000 000 000000 X	000 00 00 0000000000 0 X

1 Les montants de revenus connus de l'Administration sont imprimés dans cette notice. Si l'on constate des erreurs, on doit obligatoirement les corriger (ainsi que celles concernant sa situation familiale).

2 Les réductions peuvent concerner par exemple les dons, la garde d'enfants, des intérêts de prêt à la consommation, des cotisations syndicales...

3 La redevance audiovisuelle est payée en même temps que la taxe d'habitation. Une seule redevance est due par foyer, quel que soit le nombre de téléviseurs.

L'appel de préparation à la défense

Tous les jeunes citoyens français, hommes et femmes, suivent un « parcours de citoyenneté » qui comporte des obligations : un enseignement des principes de la défense nationale à l'école, le recensement à la mairie de son domicile et enfin la journée d'APD.

Que doit-on faire dès 16 ans ?

Entre la date à laquelle une jeune personne a 16 ans et la fin du 3e mois suivant, elle doit se faire recenser. Pour cela, elle doit se présenter à la mairie de son domicile, où une attestation de recensement lui sera remise.

Qu'est-ce que la journée d'appel de préparation à la défense ?

C'est une journée que l'on passe avec les armées et au cours de laquelle sont évoqués certains thèmes comme :
- la notion de citoyenneté ;
- l'utilité de se défendre ainsi que le devoir de mémoire ;
- l'instabilité mondiale et l'organisation de la défense ;
- les moyens et missions de la défense ;
- les métiers proposés par l'armée.

En outre, on évaluera les acquis fondamentaux de la langue française de chaque participant. Enfin, à l'issue de cette journée, un certificat de participation à la JAPD sera remis à chaque participant. Ce certificat doit être conservé précieusement car il sera exigé pour se présenter à certains concours ou examens (CAP, BEP, BAC, permis de conduire…).

Quand est-on appelé à participer à la journée d'appel ?

- On est appelé entre la date du recensement et l'âge de 18 ans. Trois mois avant l'appel, chaque individu se voit proposer trois dates de convocation à la JAPD. Chacun a alors un mois pour indiquer son choix. Dix jours avant la JAPD, chacun reçoit sa convocation avec un titre de transport. Il faudra présenter une pièce d'identité avec photographie pour pouvoir participer à cette journée.
- Il est possible de demander à ne pas participer à la JAPD si un handicap ou une maladie invalidante l'empêche. La personne voulant être exemptée doit alors joindre à la demande un certificat médical récent (de moins de trois mois) ou une photocopie de sa carte d'invalidité.

Remarque : au cas où la personne ne se rend pas à la JAPD, elle est convoqué(e) entre 2 et 6 mois après la date prévue. Si elle ne répond toujours pas à la convocation, elle ne peut obtenir de certificat de participation. Néanmoins, elle peut quand même régulariser sa situation jusqu'à l'âge de 25 ans.

DÉROULEMENT D'UNE JAPD

Le déroulement d'une JAPD peut varier selon les sites et les événements (JAPD exceptionnelle ou délocalisée). Cependant, elle est le plus souvent structurée sur le schéma suivant :

9h00	Café d'accueil – Formalités administratives
9h30	Module 1 « Les responsabilités du citoyen »
10h20	Tests d'évalutation des acquis fondamentaux de la langue française ← 1
11h00	Module 2 « La défense et les forces armées »
12h15	Repas
13h30	Visite de site
14h30	Module 3 « Les métiers de la défense »
15h10	Secourisme ← 2
16h30	Formalités de fin de journée
16h45	Remise des certificats individuels de participation et des attestations d'initiation aux gestes de premiers secours

1 Ils évaluent trois dimensions : les automatismes de lecture, la connaissance du vocabulaire oral et la compréhension de ce qui est lu.

2 Il est mis en œuvre par la Croix-Rouge française. Ce module propose une initiation pratique à l'alerte et à trois gestes essentiels de premiers secours (mettre un blessé en position latérale de sécurité [PLS], massage cardiaque et bouche-à-bouche).

Le certificat de nationalité française

Le certificat de nationalité française est un document administratif délivré par le président du tribunal d'instance du domicile du demandeur. Il prouve la nationalité française et indique pourquoi et comment la personne est française.

Où peut-on obtenir un certificat de nationalité française ?

Pour obtenir un certificat de nationalité française, il faut s'adresser:
–au tribunal d'instance du lieu de son domicile si l'on habite en France;
–au tribunal d'instance du lieu de naissance si l'on est né en France mais vit à l'étranger;
–au tribunal d'instance du 1er arrondissement de Paris (Service de la nationalité des Français établis hors de France, 30 rue du Château des Rentiers, 75647 Paris cedex 13) si on est né et que l'on habite à l'étranger.

Remarque: ce certificat est gratuit. Il ne peut être remis:
– qu'à la personne concernée, au tribunal sollicité ou par l'intermédiaire du consulat;
– qu'au représentant légal de la personne mineure.

Qui peut obtenir un certificat?

Les documents à fournir varient selon la situation du demandeur:
– la personne est française et née en France:
  - de deux parents français,
  - d'un parent né en France;
– la personne est française:
  - née à l'étranger,
  - dont le parent français est né à l'étranger;
– la personne est devenue française:
  - volontairement par décret,
  - volontairement par déclaration,
  - automatiquement pendant sa minorité quand l'un de ses parents a obtenu la nationalité française,
  - automatiquement à sa majorité par naissance et par résidence en France depuis cinq ans.

Quelles sont les caractéristiques d'un certificat?

Tout certificat contient obligatoirement les renseignements suivants:
–la source officielle. Le certificat précise l'adresse complète du tribunal d'instance;
–les documents de référence qui ont servi à rédiger l'acte sont cités;
–l'identité de la personne évoquée par le certificat est précisée;
–l'identité de l'ascendant paternel et de l'ascendant maternel;
–la référence au texte officiel sur lequel s'appuie la nationalité du demandeur;
–la justification: le certificat explique pourquoi la personne est de nationalité française. Par exemple: «de deux parents qui eux-mêmes y sont nés».

CERTIFICAT DE NATIONALITÉ FRANÇAISE

Tribunal d'instance
de GRENOBLE

Certificat de nationalité française

Modèle courant
Demandeur né en France

Adresse complète 117 rue des Alliés 38100 GRENOBLE

Registre d'ordre n°

Le juge du tribunal d'instance certifie au vu des pièces suivantes :

.... 1
....
....

que (nom de l'intéressé)
Monsieur Julien ROZES

demeurant à :
2 rue de la Chartreuse
38 130 ECHIROLLES

né(e) (date et lieu)
le dix-huit janvier mille neuf cent cinquante-huit
à MUNSTER (Haut-Rhin)

de (nom, date et lieu de naissance du père)
2 Monsieur Etienne ROZES
né le vingt-cinq décembre mille neuf cent vingt-huit
à FLEURANCE (Gers)

et de (nom, date et lieu de naissance de la mère)
3 Madame Emilie GUIGNOU
née le huit février mille neuf cent trente-deux
à FOIX (Ariège)

est français, en vertu de l'article :

....

comme né(e) en France :

....
....

Au tribunal d'instance, le

Le juge d'instance

....
....

L'aide à domicile

L'aide à domicile a pour mission d'accomplir un travail matériel, moral, social et sanitaire, permettant ainsi de contribuer au maintien à domicile des personnes bénéficiaires de cette prestation et d'assurer leurs relations avec l'extérieur.

Qui finance les heures d'aide à domicile ?

Les heures d'aide à domicile sont financées par:
–l'aide sociale départementale;
–les fonds d'action sociale des caisses de retraite;
–l'usager lui-même qui paie une participation horaire en fonction de ses revenus.

L'aide ménagère est prise en charge par l'aide sociale ou la caisse de retraite. Une participation peut être demandée.

Qui instruit les dossiers de demande d'aide ?

Les demandes d'aide à domicile sont instruites par le CCAS (Centre communal d'action sociale) de la commune concernée.

Une demande d'aide à domicile peut aussi être adressée à la caisse de retraite de la personne demandeuse.

On pourra lui proposer, selon les cas:
– de l'aider pour ses tâches quotidiennes d'entretien de son logement, ses soins d'hygiène sommaire, ses démarches simples et courantes, ses courses...;
– de lui apporter une présence attentive.

Remarque: le nombre d'heures attribuées varie en fonction de ses besoins et des possibilités du service.

Quelles conditions faut-il satisfaire pour bénéficier de l'aide à domicile ?

Il est possible de bénéficier de l'aide à domicile à condition:
–d'être âgé de plus de 65 ans;
–de présenter un état de santé nécessitant une aide matérielle;
–de ne pas percevoir l'ADPA (Aide départementale personnalisée d'autonomie);
–d'avoir, au 1er janvier 2007, des revenus annuels inférieurs à 7635,53 € pour une personne seule ou 13374,16 € pour un couple (si les ressources sont supérieures, il faut s'adresser à sa caisse de retraite).

DEMANDE D'AIDE MÉNAGÈRE À DOMICILE

ARRCO — LA RETRAITE — Cerfa

Demande d'aide ménagère à domicile

n° 11372*03

Important : merci de remplir ce formulaire en lettres majuscules et avec les accents.

Vous-même

Madame ☐ Monsieur ☐

Votre nom (de naissance) :

Votre nom d'époux ou d'épouse (s'il y a lieu) :

Si vous portez un autre nom, indiquez-le :

Vos prénoms (soulignez votre prénom courant) :

Votre date de naissance :

Commune de naissance : Département : Pays :
(indiquez l'arrondissement pour Paris, Lyon, Marseille)

Téléphone (pour nous permettre de vous contacter en cas de nécessité) :

Votre adresse :

Code Postal : Commune : Pays :

Votre N° de Sécurité sociale :

1 → Êtes-vous retraité du régime général ? OUI ☐ NON ☐

Si oui, votre N° de retraite :

Votre situation de famille

- ☐ Vous êtes célibataire.
- ☐ Vous êtes marié(e).
- ☐ Vous vivez en concubinage.
- ☐ Vous avez conclu un PACS.
- ☐ Vous êtes veuf(ve).
- ☐ Vous êtes séparé(e).
- ☐ Vous êtes divorcé(e).

Votre conjoint(e) ou concubin(e) ou partenaire dans le cadre d'un PACS

Son nom (de naissance) : Son nom d'époux ou d'épouse :

Ses prénoms (soulignez le prénom courant) :

Sa date de naissance : Sa date de décès :

Commune de naissance : Département : Pays :
(indiquez l'arrondissement pour Paris, Lyon, Marseille)

Son N° de Sécurité sociale :

2 → Est-il retraité du régime général ? OUI ☐ NON ☐

Si oui, son N° de retraite :

2 → Est-il en activité ? OUI ☐ NON ☐

CADRE RÉSERVÉ AU PRESTATAIRE DE SERVICES

N° d'identification du prestataire de services :

Cachet du prestataire de services

Le

Je soussigné(e) certifie avoir vérifié à l'aide des pièces justificatives que le demandeur m'a présentées, la conformité des renseignements fournis sur son état civil et celui de son conjoint.

Signature du représentant du prestataire de services,

1ère demande ☐ Renouvellement ☐ Le

1 Il faut fournir une photocopie de son dernier avis d'imposition sur le revenu.

2 Toutes les ressources ainsi que celles du (de la) conjoint(e) doivent être déclarées, qu'elles soient imposables ou non.

L'Allocation départementale personnalisée d'autonomie à domicile (ADPA)

L'ADPA est une prestation en nature attribuée aux personnes âgées dépendantes de 60 ans et plus. Elle est gérée par les conseils généraux.

Quelles sont les conditions requises pour pouvoir bénéficier de l'ADPA ?

Pour pouvoir bénéficier de l'ADPA, il faut :
– que la personne âgée ait besoin d'une aide pour l'accomplissement des actes essentiels de la vie (perte d'autonomie) ;
– qu'elle ait une résidence stable et régulière en France.
Remarque : l'ADPA n'est pas soumise à condition de ressources, mais son calcul prend en compte le montant des revenus.

Quelle est la procédure ?

Un dossier avec pièces justificatives des ressources et de l'état de dépendance doit être constitué pour être transmis à l'UTAS (Unité territoriale d'action sociale) concernée.
Un membre de l'équipe médico-sociale procède ensuite, au domicile, à une évaluation de l'état de dépendance de la personne âgée et à l'élaboration d'un plan d'aide.
Remarque : en établissement, c'est un membre de l'équipe soignante qui fait cette évaluation.
Ensuite, la décision est prise par le président du conseil général, après avis d'une commission spécialisée.
L'ADPA est versée par le conseil général du lieu du domicile de secours de la personne âgée.

Quel est le contenu du plan d'aide ?

L'ADPA permet de financer des dépenses de toute nature : dépenses de transport, d'aides techniques (fauteuil, incontinence, téléalarme...), d'adaptation du logement...
L'allocation départementale personnalisée permet aussi d'aider à accomplir les actes essentiels de la vie quotidienne (se lever, se déplacer, faire sa toilette, s'habiller, sortir de chez soi...).

MONTANT DE L'ALLOCATION

ALLOCATION DÉPARTEMENTALE PERSONNALISÉE
D'AUTONOMIE À DOMICILE
Montant maximal du plan d'aide
(au 1er janvier 2007)

1

GIR 1 :	1 189,80 €
GIR 2 :	1 019,83 €
GIR 3 :	764,37 €
GIR 4 :	509,91 €

2

Exemple : Germaine a 72 ans. L'équipe médico-sociale a évalué son état de perte d'autonomie en groupe 4 (GIR 4). Elle peut donc bénéficier de l'ADPA.

Le plan d'aide qui lui est proposé, compte tenu des besoins constatés, s'élève à 350 euros.
Rappel : pour le groupe 4, le montant maximum du plan d'aide est de 509,91 euros.

Par ailleurs, son revenu mensuel est de 630 euros. Il est donc inférieur au seuil de ressources fixé. Aucune somme ne sera à verser par la bénéficiaire. La totalité de l'allocation couvrira les frais de l'aide qui lui sera apportée.

1 Il existe six groupes ou catégories de dépendances appelées « GIR » (groupes iso-ressources). Ces catégories sont numérotées de 1 (les personnes les moins autonomes) à 6 (les plus autonomes). Seules les personnes relevant des GIR 1 à 4 inclus peuvent bénéficier de l'ADPA.

2 Le degré d'autonomie est évalué lors d'une visite au domicile par un médecin ou un travailleur social ou médico-social du conseil général.

L'extrait d'acte de naissance

L'extrait d'acte de naissance est une copie du registre d'état civil tenu par les mairies. Il ne peut être délivré que par l'officier de l'état civil de la commune de naissance.

Comment obtenir un extrait d'acte de naissance ?

- Pour obtenir un extrait d'acte de naissance, il faut se rendre ou écrire à la mairie de la commune qui a enregistré sa naissance.
- On peut aussi faire sa demande par Internet (www.acte-naissance.fr); elle sera, selon les cas:

–transmise directement à la commune;
–imprimée pour que la personne puisse l'envoyer à la mairie de sa commune de naissance.

- On obtient cet extrait gratuitement dans un délai de quelques jours.

Qu'indique un extrait de naissance ?

Il existe deux types d'extrait d'acte de naissance: sans filiation ou avec filiation.

- L'extrait d'acte de naissance sans filiation donne les informations suivantes:

– le nom, les prénoms, le sexe de l'individu;
– l'année, le jour, l'heure et le lieu de naissance;
et éventuellement:
– les mentions de mariage, décès, divorce, séparation de corps;
– les mentions concernant la nationalité française;
– la mention de la déclaration conjointe de choix ou d'adjonction du nom.

- L'extrait d'acte de naissance avec filiation donne également toutes ces informations mais indique aussi les noms, prénoms, dates et lieux de naissance des père et mère de l'individu.

Qui peut demander un extrait d'acte de naissance ?

- L'extrait d'acte de naissance sans filiation peut être demandé par toute personne le souhaitant.
- L'extrait d'acte de naissance avec filiation peut être demandé par:

– la personne elle-même (majeure ou émancipée);
– son conjoint;
– ses descendants ou ses ascendants;
– son représentant légal;
– ses héritiers;
– le greffier du tribunal d'instance;
– éventuellement, certaines administrations publiques.

DEMANDE D'EXTRAIT D'ACTE DE NAISSANCE

Instruction générale de l'état civil du 28 juillet 1999

Coordonnées du service état civil :

Adresse : Mairie - Service Etat civil
PL GUY MOLLET
BP 913
62000

Tél. :

Fax :

Courriel :

Adresse de la commune concernée par la demande :

M. Le Maire
Mairie
PL GUY MOLLET
BP 913

62000 Arras

Horodatage : 09/01/2007 11:19:54 **1**

Bonjour,
Vous venez de remplir cette demande pour obtenir un extrait ou une copie intégrale du registre d'état civil pour un événement (notamment naissance, mariage ou décès) survenu en France.
Merci d'envoyer cette demande à l'adresse de la mairie précisée ci-dessous dans le formulaire.
L'acte vous sera envoyé par courrier postal.

■ Identité du demandeur

Nom :	CANIVET
Prénom :	Christelle
Qualité :	La personne concernée par l'acte **2**
Adresse :	12 allée des tulipes 03300 CUSSET
Téléphone :	04.70.47. • • • •
Courriel :	canivet.christelle@wanadoo.fr

■ Identité de la personne faisant l'objet de la demande

Nom (de naissance) :	RAMIREZ
Prénoms :	Christelle
Date de naissance :	24/06/1978
Nom et prénoms du père	**3**
Nom et prénoms de la mère	**3**

■ Acte d'état civil désiré

Type d'acte :	Acte de Naissance
Nature d'acte :	Extrait sans filiation **4**
Nombre d'exemplaire(s) :	1
Motif :	**5**

Télé service "Acte de naissance en ligne" mis en oeuvre par l'Etat. http://www.acte-naissance.fr

1 Date et heure à laquelle le document a été imprimé.

2 La parenté ou le lien avec la personne pour laquelle on demande un extrait d'acte de naissance doit être indiqué ici.

3 Remplir ces deux rubriques si l'on souhaite un extrait d'acte de naissance avec filiation.

4 Indiquer ici : « Extrait sans filiation », « Extrait avec filiation » ou « Copie intégrale », selon le cas.

5 Préciser quand la demande est faite en vue d'un mariage.

L'extrait de casier judiciaire

L'extrait du casier judiciaire est une copie du casier judiciaire national. Il indique la situation de l'individu au regard de la loi. Il est indispensable pour passer les concours qui débouchent sur une carrière dans la fonction publique.

À qui faut-il demander un extrait de casier judiciaire ?

Pour obtenir un extrait de casier judiciaire, il faut faire une demande par courrier simple ou en utilisant le bulletin n° 3 :
– au Casier judiciaire national
44317 Nantes Cedex 3
si on est né en France ;
– au procureur de la République du tribunal dont dépend son lieu de naissance si on est né dans un territoire d'outre-mer : Guadeloupe, Martinique, Réunion... ou à Saint-Pierre et Miquelon.
Cette demande peut aussi être faite par l'intermédiaire :
- d'Internet : www.cjn.justice.gouv.fr, en adressant sa demande en ligne,
- du Minitel : 3615 CJN.

Combien de temps faut-il pour obtenir un extrait de casier judiciaire ?

L'extrait de casier judiciaire met en général moins d'une semaine à arriver par la voie postale.
Les demandes faites par Internet et par Minitel sont traitées le soir même. L'extrait est expédié par courrier postal le jour ouvré suivant.

Qu'indique un extrait de casier judiciaire ?

L'extrait de casier judiciaire indique la situation d'un individu au regard de la loi. Il est composé de trois volets.

- Lorsque l'on en fait la demande, c'est le troisième volet que l'on reçoit. Ce bulletin n° 3 est réservé aux particuliers et ne peut être demandé que par la personne qu'il concerne ou son représentant légal s'il s'agit d'un mineur ou d'un majeur sous tutelle. Il comporte les condamnations les plus graves prononcées pour crime et délit, précise les condamnations à plus de deux ans de prison sans sursis et certaines interdictions ou incapacités.
- Sur le bulletin n° 2 sont inscrites la plupart des condamnations (pour crime ou délit). Il ne peut être demandé que par certaines autorités administratives pour des motifs limités :
– accès à un emploi public ;
– accès à certaines professions ;
– obtention d'une distinction honorifique...
- Le bulletin n° 1 indique toutes les condamnations et décisions contenues dans le casier judiciaire. Il est réservé aux autorités judiciaires.

DEMANDE D'EXTRAIT DE CASIER JUDICIAIRE

Liberté • Égalité • Fraternité
RÉPUBLIQUE FRANÇAISE
MINISTÈRE DE LA JUSTICE

DEMANDE D'EXTRAIT DE CASIER JUDICIAIRE
(Bulletin n°3)

cerfa
n° 10071*04

La loi sanctionne le fait de se faire délivrer l'extrait du casier judiciaire d'un tiers (Article 781 du Code de procédure pénale)

ADRESSEZ VOTRE DEMANDE AU

CASIER JUDICIAIRE NATIONAL **44317 NANTES CEDEX 3** si vous êtes né(e) en France métropolitaine, dans un département d'Outre-Mer, à Saint Pierre et Miquelon ou hors de France	**PROCUREUR DE LA RÉPUBLIQUE** **DE VOTRE LIEU DE NAISSANCE** si vous êtes né(e) dans un territoire ou une collectivité territoriale d'Outre-Mer (sauf Saint Pierre et Miquelon)

Remplissez complètement et lisiblement toutes les rubriques en caractères d'imprimerie

▸ **ÉTAT CIVIL DU DEMANDEUR OU DE L'ENFANT MINEUR POUR LEQUEL LE BULLETIN EST DEMANDÉ**

1 → NOM |__________|

2 → PRÉNOM(S) |__________|

NOM MARITAL OU D'USAGE |__________|

NÉ(E) LE |_|_| |_|_| |_|_|_|_|

A |__________| ARRONDISSEMENT (PARIS, LYON) |_|_|

3 → N° DÉPARTEMENT |_|_|_| DOM-TOM OU PAYS autre que France |__________|

SEXE ☐ Masculin ☐ Féminin

Filiation |__________| Nom du père |__________| prénom

|__________| Nom de la mère |__________| prénom

▸ **ADRESSE OÙ DOIT ÊTRE EXPÉDIÉ LE BULLETIN**

|__________|

N° et Voie |__________|

Code postal |_|_|_|_|_|

Ville |__________|

Pays |__________|

▸ **NOMBRE D'EXTRAITS DEMANDÉS** |_| Le |__________|

Signature du demandeur : ← 4

Si vous êtes né(e) hors de France, vous devez joindre un justificatif d'identité
(photocopie lisible d'une pièce d'identité)

GRATUIT - NE PAS JOINDRE
d'enveloppe ou de timbre pour le retour

Seul le bulletin n°3 peut être obtenu et uniquement par la personne qu'il concerne
(Articles 774 et suivants du Code de procédure pénale)

1 Indiquer son nom de naissance (nom de jeune fille pour une femme mariée).

2 Seul le premier prénom est obligatoire (dans l'ordre de l'état civil).

3 Il faut indiquer :

- le code 20 pour les deux départements de Corse ;
- le code 971 pour la Guadeloupe ;
- le code 972 pour la Martinique ;
- le code 973 pour la Guyane ;
- le code 974 pour la Réunion.

4 L'extrait de casier judiciaire ne peut être demandé que par la personne qu'il concerne ou son repésentant légal s'il s'agit d'un mineur ou d'un majeur sous tutelle.

La carte nationale d'identité

La carte nationale d'identité est un document administratif établi et délivré par l'autorité préfectorale. Elle n'est pas obligatoire mais il est recommandé d'en posséder une pour faciliter les démarches administratives ou commerciales de la vie quotidienne.

Quand la carte nationale d'identité peut-elle être demandée ?

La carte nationale d'identité peut être demandée par exemple :
– pour retirer de l'argent dans une banque ;
– pour passer une frontière ;
– pour retirer une lettre recommandée à La Poste ;
– pour retirer une carte grise à la préfecture ou à la sous-préfecture ;
– pour passer un examen scolaire ;
– pour payer par chèque bancaire chez un commerçant ;
– à la mairie où l'on souhaite se marier, au moment des formalités ;
– lors de l'inscription à l'ASSEDIC, etc.

Où demander une carte nationale d'identité ?

Il faut déposer la demande de carte nationale d'identité à la mairie du domicile, à la préfecture, à la sous-préfecture ou au centre de police.
On obtient sa carte nationale d'identité environ trois semaines après avoir déposé sa demande.
Remarque : une carte nationale d'identité est gratuite. Elle reste valable dix ans.

Quelles sont les pièces à produire lors d'une demande de carte nationale d'identité ?

■ Selon les cas, peuvent être demandés :
– l'ancienne carte nationale d'identité ou la déclaration de perte de la carte nationale d'identité ;
– un extrait d'acte de naissance avec filiation (*cf.* p. 80-81) ;
– le formulaire rempli et signé de la demande de carte ;
– un document prouvant la nationalité française du demandeur (*cf.* p. 74-75) ;
– un extrait d'acte de mariage pour l'usage du nom marital ;
– deux photographies d'identité de face, récentes, identiques, tête nue, de format 3,5 x 4,5 cm ;
– la présence d'un des parents pour un enfant mineur ;
– deux justificatifs de domicile : facture de téléphone, d'électricité ou de gaz, quittance d'assurance, contrat de location…

■ Le demandeur doit être présent lors de la demande de carte nationale d'identité car un relevé d'empreintes digitales doit être effectué.

CARACTÉRISTIQUES DE L'IDENTITÉ

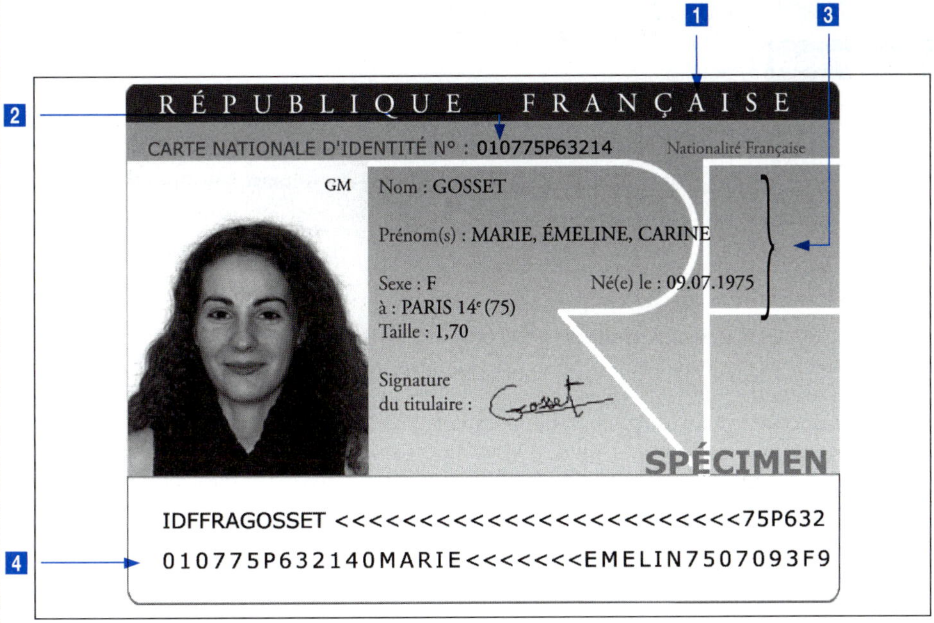

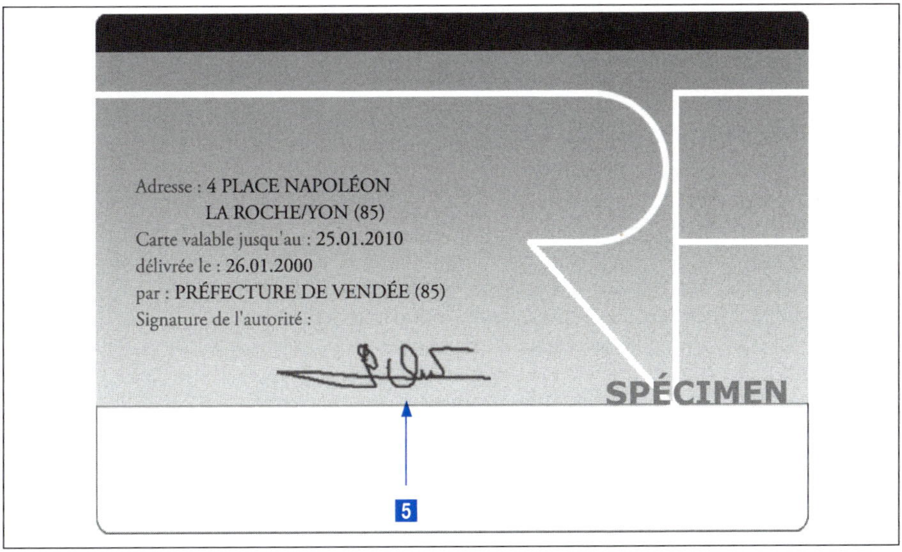

1 L'État et la nationalité.

2 Numéro unique pour chaque carte d'identité délivrée.

3 Les caractéristiques de l'identité (nom, prénoms, date de naissance...).

4 Code associant la carte aux caractéristiques de la personne et contribuant à la sécurité de la carte.

5 L'autorité de la République.

Le passeport

Le passeport demeure un document indispensable pour permettre de franchir les frontières de certains pays. Avant d'effectuer un voyage à l'étranger, il est prudent de se renseigner pour savoir s'il est exigé. Dans ce cas, les démarches pour l'obtenir sont simples.

Où demander un passeport ?

- Il faut déposer une demande de passeport à la mairie de son domicile.
- Le passeport électronique est remis en main propre : le propriétaire doit le signer en présence de l'agent qui le lui remet.
- Le passeport est un document de voyage individuel. De nombreux pays exigent, pour entrer sur leur territoire, la présentation d'un passeport et parfois d'un visa. Depuis juin 2006, le passeport électronique est exigé par plusieurs pays. Un passeport reste valable dix ans.

Les enfants peuvent-ils avoir un passeport ?

Pour voyager dans certains pays étrangers, les personnes mineures non émancipées doivent avoir leur propre passeport. La demande doit alors être faite par une personne exerçant l'autorité parentale (qui devra le justifier).

Remarques : ce passeport est valable cinq ans. Il est gratuit pour les moins de 15 ans et coûte 30 € pour les mineurs de plus de 15 ans.

Quelles sont les pièces à produire lors d'une demande ?

- Selon les cas, on peut demander :

–un timbre fiscal à 60 € à s'acheter dans un bureau de tabac ou au centre des impôts ;
–deux photographies d'identité de face, tête nue, récentes, semblables, de format 3,5 cm x 4,5 cm ;
–un justificatif d'identité (copie intégrale d'acte de naissance ou d'acte de mariage) ;
–éventuellement, l'acte de décès du conjoint pour une veuve ;
–un justificatif de nationalité (si l'acte de naissance ne permet pas cette justification). Ce justificatif n'est pas à fournir si l'on est né en France ou si l'un de ses propres parents est né en France. Dans les autres cas, il faut fournir :
  - soit un justificatif de nationalité française du parent français,
  - soit la déclaration d'acquisition de la nationalité française par mariage,
  - soit le certificat de nationalité française,
  - soit le décret de réintégration dans la nationalité,
  - soit la déclaration d'acquisition de la nationalité française ;

–l'ancien passeport ;
–un justificatif de domicile : facture d'électricité ou de gaz, facture de téléphone, quittance d'assurance, certificat d'imposition ou de non-imposition, titre de propriété ou contrat de location.

- En cas de déménagement, le titulaire d'un passeport en cours de validité bénéficie du renouvellement gratuit du document.

DEMANDE DE PASSEPORT

cerfa
N° 12100*02

MINISTÈRE DE L'INTÉRIEUR ET DE L'AMÉNAGEMENT DU TERRITOIRE

Demande de

1 → ☐ **carte nationale d'identité** ☐ **passeport**

Merci de remplir ce formulaire en noir, en lettres majuscules et avec les accents.

État civil de la personne majeure ou mineure émancipée Femme ☐ Homme ☐

2 → Nom
(C'est le nom qui figure sur votre acte de naissance ou sur votre livret de famille.)

3 → Deuxième nom

Précisez s'il s'agit du nom de votre : – père ☐ – mère ☐ – époux ☐ – épouse ☐

Souhaitez-vous faire apparaître un mot devant le deuxième nom ? Oui ☐ Non ☐ Si oui, lequel : époux(se) ☐ veuf(ve) ☐

4 → Prénom(s)

5 → Taille , m Né(e) le J M An À

Département de naissance Pays de naissance

Adresse

Code postal Commune

Tél. portable **Pour le passeport :** Couleur des yeux

PÈRE Nom

Prénom(s)

Né le J M An À

Nationalité

MÈRE Nom

Prénom(s)

Née le J M An À

Nationalité

Vous êtes français(e) parce que :

- vous êtes né(e) en France et l'un au moins de vos parents est né en France ☐
- vous êtes né(e) en France et l'un au moins de vos parents est né dans un ancien département ou territoire français ☐
- vous êtes né(e) en France et l'un au moins de vos parents est français ☐
- vous n'êtes pas né(e) en France et l'un au moins de vos parents est français ☐
- votre mère ou votre père est devenu(e) français(e) avant votre majorité ☐
- vous êtes de nationalité française par mariage ☐
- vous êtes né(e) en France et vos parents ne sont pas français ☐
- vous êtes naturalisé(e) français(e) ☐
- vous avez été réintégré(e) dans la nationalité française ☐
- vous êtes français(e) par déclaration (autrement que par mariage) ☐
- autre motif ☐

Je certifie l'exactitude de ces déclarations.
Date J M An

Signature du demandeur

Rappel : Toute fausse déclaration est passible des peines d'emprisonnement et des amendes prévues par les articles 441-6 et 441-7 du code pénal.
Le droit d'accès aux informations prévu par la loi n° 78-17 du 6 janvier 1978 relative à l'informatique, aux fichiers et aux libertés, s'exerce auprès de la préfecture ou de la sous-préfecture de votre résidence.

5/8

SPECIMEN

1 Dorénavant, un seul et même formulaire permet de faire une demande de carte nationale d'identité et de passeport.

2 Nom de famille de la personne qui demande le passeport. Nom de jeune fille pour les femmes mariées ou veuves.

3 Nom de leur époux pour les femmes mariées ou veuves.

4 Les prénoms doivent toujours être inscrits dans l'ordre de l'état civil.

5 Date et lieu de naissance.

L'aide juridictionnelle

L'aide juridictionnelle est la prise en charge totale ou partielle par le Trésor public des frais d'avocat ou d'huissier occasionnés pour engager une procédure judiciaire (procès) ou une exécution notariale (expulsion). L'aide juridictionnelle n'est pas accordée automatiquement, il faut la demander.

Qui peut bénéficier de l'aide juridictionnelle (AJ) ?

Le demandeur doit être de nationalité française ou ressortissant d'un État membre de l'Union européenne ou résider régulièrement en France.

Quelles sont les conditions de ressources ?

La moyenne mensuelle des ressources perçues par le demandeur et de celles des personnes qui vivent dans le même foyer entre le 1er janvier et le 31 décembre de l'année précédente, sans tenir compte des prestations familiales, doit être inférieure à un plafond de ressources.

Remarques:

– Même si les revenus sont modestes, l'aide juridictionnelle peut être refusée selon l'importance des biens (maison, appartement, capitaux, terrain...) du demandeur.

– Il n'y a aucune condition de ressources:
  - dans le cas de crimes tels que meurtre, viol, acte de barbarie ou de torture...,
  - ou lorsque le procès a lieu devant le tribunal des pensions militaires ou en appel devant la cour régionale des pensions,
  - ou si le demandeur touche le RMI,
  - ou s'il perçoit l'allocation du fonds national de solidarité,
  - ou s'il est bénéficiaire de l'allocation d'insertion.

Quelles démarches faut-il accomplir pour obtenir l'aide juridictionnelle ?

- Le demandeur doit se rendre au greffe du tribunal de grande instance (TGI) dont il dépend pour y retirer un dossier de demande d'aide juridictionnelle. Le dossier, une fois complété, peut être remis au greffe du TGI.
- Si la demande est refusée, les raisons du refus seront indiquées par lettre recommandée au demandeur ainsi que la marche à suivre s'il veut contester cette décision.

Quelle est la nature de l'aide ?

- Le bénéficiaire de l'aide juridictionnelle a droit à l'assistance d'un avocat et à celle de tous les auxiliaires de justice nécessaires (avoué, huissier de justice...) de son choix avant comme pendant l'instance et, dans certains cas, avant et après cette instance.
- Si le bénéficiaire ne connaît pas d'avocat, ou si ce dernier refuse de s'occuper de son affaire, il en sera désigné un d'office.
- En principe, le bénéficiaire est totalement dispensé du paiement, de l'avance ou de la consignation des frais du procès que l'État prend en charge.

DEMANDE D'AIDE JURIDICTIONNELLE

Demande d'aide juridictionnelle

VOTRE AFFAIRE :

Votre ou vos adversaire(s) : *(à compléter dans la mesure où vous possédez ces informations)*

NOM	PRENOMS	ADRESSE

Si vous manquez de place, complétez cette liste sur une feuille blanche que vous joindrez à votre demande

Décrivez l'accord amiable que vous souhaitez conclure ou exposez votre affaire :

1 →

Avez vous déjà bénéficié d'une aide juridictionnelle dans cette affaire ? Oui ☐ Non ☐

Cette aide concernait-elle une transaction ? *(c'est-à-dire un accord amiable avec votre adversaire)* Oui ☐ Non ☐

Un juge a-t-il déjà été saisi dans cette affaire ? Oui ☐ Non ☐

Si oui, précisez la juridiction :

(Exemple : tribunal de grande instance de Nanterre)

et la date à laquelle vous êtes convoqué(e) :

2 → **Souhaitez-vous faire exécuter une décision de justice déjà rendue ?** Oui ☐ Non ☐

Si oui, à quel endroit doit-elle être exécutée?

Souhaitez-vous exercer un recours contre une décision de justice ? Oui ☐ Non ☐

VOUS CHOISISSEZ OU DEMANDEZ L'ASSISTANCE DE :

3 → **Vous avez choisi :**

un avocat ☐ *un avoué* ☐ *un huissier de justice* ☐

Maître : ....

Adresse : ....

Téléphone : ....

ou

Vous demandez la désignation :

d'un avocat ☐ *d'un avoué* ☐ *d'un huissier de justice* ☐

Des honoraires ont-ils déjà été versés ? Oui ☐ *(joignez la copie de la facture payée)* Non ☐

Avez-vous une assurance prenant en charge les frais du procès (facultatif) ? Oui ☐ Non ☐

1 Renseignements concernant la demande. Le demandeur expose brièvement les traits et les raisons pour lesquels il demande l'AJ.

2 Le demandeur ne remplit cette rubrique que s'il fait appel d'un jugement.

3 Le demandeur doit joindre un document écrit de la part de l'avocat, de l'huissier ou de l'avoué choisi attestant qu'il accepte de représenter le demandeur. À défaut, un auxiliaire de justice sera commis d'office.

L'allocation supplémentaire

L'allocation supplémentaire est destinée aux retraités dont les revenus ne dépassent pas certains plafonds. Il faut en faire la demande.

À quelles conditions peut-on obtenir l'allocation supplémentaire ?

- Il faut être âgé d'au moins 65 ans ou avoir entre 60 et 65 ans sous certaines conditions (être inapte au travail, ancien combattant). Dans certains cas, cette allocation peut être versée avant 60 ans.
- Les ressources du demandeur doivent être inférieures à un certain seuil.

Enfin, le demandeur doit résider en France métropolitaine ou dans un département ou un territoire d'outre-mer.

Quelles démarches faut-il effectuer ?

- Il faut demander l'imprimé «Demande d'allocation supplémentaire» auprès de la caisse régionale d'assurance maladie dont on dépend ou auprès d'un centre d'information retraite.
- L'allocation sera attribuée à la même date que la retraite du régime général de la Sécurité sociale si la personne en fait la demande dans les trois mois qui suivent le paiement de la première pension.

Sinon, le demandeur la percevra le premier jour du mois suivant la date de réception de sa demande.

Remarque : les sommes perçues au titre de l'allocation supplémentaire sont récupérables lors de la succession. Elles ne sont récupérées que sur la partie de la succession qui dépasse 39 000 €.

Quand l'allocation est-elle suspendue ?

- Jusqu'au retour du bénéficiaire, si celui-ci quitte la France pour aller habiter à l'étranger.
- Si le montant de ses ressources ou de celles de son ménage dépasse le seuil toléré.

MONTANT DE L'ALLOCATION SUPPLÉMENTAIRE

1 → **Allocation supplémentaire**

2 →

PLAFOND DE RESSOURCES MENSUEL		
	Personne seule	**Couple marié**
01/01/2007	636,29 €	1 114,51 €

MONTANT MENSUEL		
	1 personne	**2 personnes** ← 3
4 → 01/01/2007	365,97 €	603,90 €

1 L'allocation supplémentaire sera payée en même temps que la retraite. Elle entre en compte dans le calcul du minimum vieillesse.

2 Les ressources mensuelles du demandeur ne doivent pas dépasser un certain montant (montant des ressources personnelles et du ménage). En fonction de ces ressources, le montant peut être réduit.

3 Le montant de deux personnes s'applique au couple marié quand les deux conjoints bénéficient de l'allocation supplémentaire.

4 L'allocation est revalorisée au 1er janvier de chaque année.

Le revenu minimum d'insertion (RMI)

Cette allocation, versée par les caisses d'allocations familiales sur avis favorable du préfet, est égale à la différence entre le montant des ressources et le montant mensuel garanti.

Qui peut bénéficier de l'allocation ?

- Toute personne résidant en France, âgée de plus de 25 ans ou qui assume la charge d'au moins un enfant ou en attend un, peut bénéficier de l'allocation.
- Elle doit avoir des ressources inférieures au minimum d'insertion applicable et s'engager à participer aux activités d'insertion qui lui sont proposées.

Quelles sont les ressources prises en compte ?

Les ressources qui sont prises en compte comprennent l'ensemble des revenus de toute nature des personnes composant le foyer : salaires, pensions, prestations familiales, allocations chômage, indemnités journalières (pour maladie, accident du travail), allocation aux adultes handicapés, revenus d'activité ou de stages, revenus mobiliers, immobiliers et de capitaux.
Remarque : seule une partie des allocations logement est prise en compte.

Où et comment faire la demande ?

La demande peut être faite auprès :
–d'une assistante sociale de son quartier ;
–du centre communal ou intercommunal d'action sociale de sa résidence ;
–du service départemental d'action sociale ;
–d'une association ou d'un organisme agréé.
Un imprimé spécial « Demande de revenu minimum d'insertion » est à remplir.

Quel est le montant de l'allocation ?

- Le montant du RMI est fixé par décret et en principe réactualisé deux fois par an. Il est fonction de la composition de la famille. L'allocation versée est égale à la différence entre le RMI et les ressources de la personne seule ou du foyer.
- Le montant du RMI est recalculé régulièrement en fonction des revenus.

Quelles sont les règles de versement du RMI ?

- Le RMI est versé par la caisse d'allocations familiales pour une période de 3 mois, puis pour une période de 3 mois à un an.
- Le versement est dû à partir du premier jour du mois où le bénéficiaire en a fait la demande.
- En cas de non-respect des engagements du contrat d'insertion, l'allocation peut être suspendue.

Le versement de l'allocation cesse :
– le premier jour du mois qui suit le décès du bénéficiaire ;
– ou lorsque le montant des ressources dépassent le RMI.

DEMANDE DE RMI

1

ALLOCATIONS FAMILIALES

Demande de RMI
(Revenu Minimum d'Insertion)

Art. L 262-1 et suivants du code de l'action sociale et des familles

msa — santé famille retraite services

cerfa 12325*01

Merci de remplir ce formulaire en noir, en lettres majuscules et avec les accents.

➤Vous-même

☐ Madame ☐ Monsieur

Votre nom : ______

Votre nom d'époux(se) : ______

Votre prénom : ______

Votre date de naissance : ⎵⎵ ⎵⎵ ⎵⎵⎵⎵

Votre nationalité :

☐ Française ☐ Espace économique européen* ☐ Autre

Votre numéro de Sécurité sociale *(si vous en avez un)*

⎵⎵⎵⎵⎵⎵⎵⎵⎵⎵⎵⎵⎵ ⎵⎵

■ Etes-vous inscrit(e) à la Caisse d'allocations familiales de votre département de résidence ?

☐ **oui** ☐ **non**

votre n° d'allocataire Caf ☐☐☐☐☐☐☐

■ Etes-vous ou avez-vous été inscrit(e) à un autre organisme d'allocations familiales ?

☐ **oui** ☐ **non**

votre n° d'allocataire ______

➤Votre conjoint(e), votre concubin(e) ou votre pacsé(e), vivant au foyer

☐ Madame ☐ Monsieur

Son nom : ______

Son nom d'époux(se) : ______

Son prénom : ______

Sa date de naissance : ⎵⎵ ⎵⎵ ⎵⎵⎵⎵

Sa nationalité :

☐ Française ☐ Espace économique européen* ☐ Autre

Son numéro de Sécurité sociale *(s'il en a un)*

⎵⎵⎵⎵⎵⎵⎵⎵⎵⎵⎵⎵⎵ ⎵⎵

■ Est-il(elle) inscrit(e) à la Caisse d'allocations familiales de son département de résidence ?

☐ **oui** ☐ **non**

son n° d'allocataire Caf ☐☐☐☐☐☐☐

■ Est-il(elle) ou a-t-il(elle) été inscrit(e) à un autre organisme d'allocations familiales ?

☐ **oui** ☐ **non**

son n° d'allocataire ______

➤Votre adresse complète

Adresse : ______

Code postal : ⎵⎵⎵⎵⎵ Commune : ______

Numéro de téléphone : domicile ⎵⎵⎵⎵⎵⎵⎵⎵⎵⎵ autre *(travail ou portable)* ⎵⎵⎵⎵⎵⎵⎵⎵⎵⎵

Depuis quelle date résidez-vous à cette adresse ? ⎵⎵ ⎵⎵ ⎵⎵⎵⎵ *Cette information peut nous servir à vous faire obtenir une aide au logement*

OU : Nom et adresse de l'organisme où vous avez élu domicile *(Centre Communal d'Action Sociale, association, organisme agréé)* : ______

➤Votre logement *(cochez la case qui vous concerne)*

☐ Vous payez un loyer ☐ Vous êtes logé(e) gratuitement

☐ Vous touchez une aide au logement *Si vous n'avez pas d'aide au logement, faites une demande auprès de votre Caf ou Msa*

☐ Vous êtes propriétaire ☐ Vous remboursez un prêt immobilier ☐ Vous ne remboursez pas de prêt immobilier

☐ Vous payez une participation à votre logement *(camping, caravane, hébergement payant, ...)*

☐ Vous êtes dans un autre cas. Précisez lequel : ______

➤Votre situation familiale *(cochez la case qui vous concerne)*

☐ Vous vivez seul(e) depuis le ⎵⎵ ⎵⎵ ⎵⎵⎵⎵ *Cette information peut nous servir à vous faire obtenir une allocation de parent isolé*

2 → Attendez-vous un enfant ? oui ☐ non ☐ *(si vous êtes enceinte et que vous n'avez pas fait votre déclaration de grossesse, pensez à la faire rapidement)*

*** Les pays de l'Espace économique européen**
Allemagne – Autriche – Belgique – Danemark – Espagne – Finlande – Royaume-Uni – Grèce – Irlande – Islande – Italie – Liechtenstein – Luxembourg – Norvège – Pays Bas – Portugal – Suède

Partie réservée au service instructeur

P 1170001 E N° d'instruction
DRMI ⎵⎵⎵⎵⎵⎵⎵⎵⎵⎵⎵⎵⎵⎵⎵⎵⎵

1 Plus le nombre de personnes vivant au foyer est grand, plus le montant de l'allocation est important.

2 L'allocation pour jeune enfant, versée pendant la grossesse et jusqu'au mois de naissance de l'enfant, n'est pas prise en compte dans le montant des ressources.

La carte d'électeur

En tant que citoyen, on est appelé à élire des représentants. Pour pouvoir participer aux élections, il est nécessaire de posséder une carte d'électeur. Cette carte atteste de l'inscription sur la liste électorale de la commune. De plus, elle indique le bureau où effectuer son vote.

À quelles conditions peut-on voter ?

Pour voter, il faut :
- être inscrit sur les listes électorales ;
- être âgé d'au moins 18 ans ;
- être de nationalité française ;
- jouir de ses droits civils et politiques.

Comment devenir électeur ?

Les jeunes de 18 ans ayant participé à la journée d'appel de préparation à la défense (*cf.* p. 72-73) sont inscrits automatiquement sur les listes électorales. Si ce n'est pas le cas, il faut d'abord s'y inscrire. Pour cela, il faut :
- se munir d'une pièce d'identité et d'un justificatif de domicile (il faut habiter dans la commune depuis au moins 6 mois) ou d'un justificatif qui prouve qu'on paie les impôts locaux depuis au moins 5 ans dans la commune où l'on veut s'inscrire ;
- puis se rendre à la mairie de son domicile avant le 31 décembre (il est cependant fortement conseillé de faire cette démarche avant le 15 décembre).

La carte d'électeur sera alors expédiée au domicile du demandeur, qui devra la présenter à chaque fois qu'il ira voter.

Comment voter ?

Le jour du vote :
1. prendre un exemplaire de chaque bulletin de vote ainsi qu'une enveloppe bleue ;
2. se rendre dans l'isoloir pour mettre l'un des bulletins de vote dans l'enveloppe ;
3. présenter sa carte d'électeur ;
4. présenter une pièce d'identité si la commune compte plus de 5 000 habitants ;
5. déposer son enveloppe dans l'urne ;
6. signer le registre et récupérer sa carte d'électeur.

Qui peut-on élire ?

Les hommes politiques qui sont élus directement par l'ensemble des électeurs sont élus au suffrage universel.

C'est le cas pour : le président de la République (élection présidentielle), les députés (élections législatives), les députés français au Parlement européen (élections européennes), les conseillers régionaux (élections régionales), les conseillers généraux (élections cantonales), les conseillers municipaux (élections municipales).

INSCRIPTION SUR LES LISTES ÉLECTORALES

RÉPUBLIQUE FRANÇAISE

cerfa

N° 12669*01

DEMANDE D'INSCRIPTION SUR LES LISTES ÉLECTORALES
À L'USAGE DES CITOYENS FRANÇAIS
(code électoral, articles L. 2 à L. 40)

Numéro d'enregistrement

Formulaire valable uniquement s'il est accompagné des pièces justificatives *(voir notice explicative au dos)*

1. ÉTAT CIVIL

1 → NOM :
Indiquer le nom de jeune fille pour les femmes mariées

NOM MARITAL (facultatif):

PRÉNOM(S) :

SEXE : M F

NÉ(E) LE : / / À (commune) :
Pour Paris, Lyon et Marseille, *indiquer aussi l'arrondissement*

DÉPARTEMENT : ou OUTRE-MER* :

PAYS :

Demande son inscription sur la liste électorale de la commune de :

DÉPARTEMENT : ou OUTRE-MER* :

2. SITUATION DU DEMANDEUR

- **Cocher la case correspondant à votre situation :**
  - **Situation 1 :** première inscription sur les listes électorales d'une commune française
  - **Situation 2 :** demande d'inscription en cas de **déménagement à l'intérieur d'une même commune française ou d'un même arrondissement pour Paris, Lyon et Marseille**
  - **Situation 3 :** demande d'inscription en cas de **changement de commune d'inscription ou en cas de changement d'arrondissement pour Paris, Lyon et Marseille**
    Dans ce cas, indiquer impérativement le précédent lieu d'inscription :
    COMMUNE :
    Pour Paris, Lyon et Marseille, *indiquer l'arrondissement*
    DÉPARTEMENT : ou OUTRE-MER* :
- **Pour les personnes également inscrites à l'étranger sur une liste électorale consulaire et qui souhaitent que l'inscription sur la liste électorale de la nouvelle commune entraîne la radiation de cette liste électorale consulaire,** préciser :
  - Ambassade ou poste consulaire :
  - Pays :

2 → **3. COORDONNÉES PERSONNELLES DU DEMANDEUR** (où le courrier peut être expédié)

Adresse :

Code postal : Commune :

Téléphone :

3 → Courriel (**fortement recommandé**) : ______________ @ ______________

*OUTRE-MER : *Guadeloupe, Martinique, Guyane, La Réunion, Saint-Pierre-et-Miquelon, Mayotte, Wallis-et-Futuna, Polynésie française, Nouvelle-Calédonie.*

Date : / / **Signature du demandeur :**

Cachet de la mairie **Rubrique réservée à la mairie (ne rien inscrire)**

Inscription volontaire Inscription par décision judiciaire Inscription d'office

Date de réception de la demande en mairie : / / Date de prise en compte de la demande : / /

La loi n° 78-17 du 6 janvier 1978 relative aux fichiers nominatifs garantit un droit d'accès et de rectification des données auprès des organismes destinataires du formulaire.

IMPRIMERIE NATIONALE - 6 001920 1 - Modèle A

1 Le formulaire doit être rempli en lettres majuscules.

2 Les coordonnées sont importantes pour que la mairie puisse contacter le demandeur au cas où la demande serait incomplète.

3 L'adresse Internet permet d'obtenir très rapidement un accusé de réception sous format informatique.

La petite annonce immobilière

Prix, taille, confort, éloignement ou proximité des centres urbains sont des éléments dont il faut tenir compte avant de signer un contrat de location ou d'acheter un logement.

Comment chercher un logement à louer ou à acheter ?

On peut :
– lire, dans les journaux, les petites annonces qui se trouvent à la rubrique « Immobilier » ;
– passer soi-même une annonce dans le journal local ;
– lire les annonces du journal des notaires s'il en existe un ;
– aller dans les études de notaires ;
– se rendre chez les agents immobiliers.

▬ On peut également lire certains journaux qui mettent en contact directement des particuliers. Il existe aussi de nombreux sites Internet qui permettent de découvrir des annonces en direct.

Combien coûte un logement ?

Avant de louer ou d'acheter un logement, il faut connaître :
– le montant exact de la somme à payer tous les mois pour louer ou rembourser le prêt du logement ;
– le montant des charges (si le logement est dans un immeuble) ;
– le montant de la taxe d'habitation à payer une fois par an ;
– les impôts fonciers (dans le cas de l'achat d'un logement).

Quel type de logement chercher ?

Il faut tenir compte de plusieurs choses.

▬ La taille du logement : il faut essayer de déterminer quels sont les besoins actuels mais aussi futurs (naissance des enfants...).

▬ La situation du logement, c'est-à-dire :
– le calme du quartier ;
– la vue que l'on a depuis le logement ;
– l'orientation du logement (ensoleillement) ;
– l'environnement : proximité des écoles, des commerces, des arrêts de bus...

▬ La qualité et le confort du logement, c'est-à-dire :
– la nature des matériaux de construction : des revêtements des sols et des murs ;
– l'équipement électrique et sanitaire ;
– l'isolation (des murs, des dalles, du toit), le double-vitrage, les volets ;
– le mode de chauffage ;
– la cuisine aménagée ou non ;
– la présence d'un garage, d'une cave.

PRÉSENTATION DES ANNONCES

3 →

ORBU
AGENCES N°1

Ouest ST-POURÇAIN, jolie fermette à restaurer, avec cave, puits, dépend., au calme sur 3 500 m² de verdure. À VOIR RAPIDEMENT.
RÉF. 51 51.832 € 339 995F

2 →

5 mn ST-POURÇAIN OUEST, maison de bourg entièrement rénovée. 3 chambres Belle cour spacieuse fermée. Garage.
RÉF. 21
60.980 €
400 002F

ST-POURÇAIN/SIOULE, pavillon sur s.sol, 90 m² habitables sur joli terrain clos. RARE !
RÉF. 9916 71.098 € 466 372F

Proche ST-POURÇAIN, maison de caractère avec de belle dépendances sur joli terrain de 2 100 m². **RÉF. 08** 99.093 € 650 007F

1 →

ENTRE ST-POURÇAIN ET MOULINS, belle maison rénovée, composée d'un séj. double, cuis., SDB, 2 pièces au RDC. Étage : combles aménagés en 3 ch. et cab. de toilette. Chauffage central gaz et élect. neufs. À VOIR RAPIDEMENT. **RÉF. 42** 69.760 € 457 595F

Entre ST-POURÇAIN ET CHANTELLE, belle demeure de 1800, au calme, composée d'un séj. double de + de 35 m² avec belle chem. et escalier pour étage en véritables pierres de volvic. Nbres dép. dont véranda en cours de réal. sur terrain clos et arboré. **RÉF. 05** 90.555 € 594 001F

5 mn de ST-POURÇAIN, maison rénovée avec 3 ch., combles aménageables, dépendances et joli jardin. **RÉF. 20** 50.309 € 330 005F

Aux portes de ST-POURÇAIN, propriété toute rénovée avec 1 séj. de 65 m², 4 ch., parc clos et arboré, piscine. À VISITER RAPIDEMENT.
RÉF. 39 193.611 € 1 270 004F

↑ **4**

1 Type de logement.

2 La référence est à rappeler à l'agence pour qu'elle puisse retrouver facilement l'habitation concernée.

3 Nom du notaire, de l'office notarial ou de l'agence qui est chargé de vendre le logement, et à qui il faut s'adresser pour le visiter.

4 Les frais de notaire ne sont pas compris dans la somme indiquée.

Le contrat de location

Un contrat de location est un document écrit par lequel un bailleur (le propriétaire) ou son mandataire (une agence immobilière, par exemple) s'engage à louer un logement à une personne (le locataire).
Ce contrat décrit le logement et fixe les modalités de la location. Un exemplaire du contrat revient au locataire. Il faut le conserver pendant toute la durée de la location.

Quelle est la durée d'un contrat de location ?

Tout contrat signé entre un bailleur et un locataire dure au moins trois ans.
Le locataire peut cependant résilier (rompre) ce contrat à tout moment en prévenant :
– trois mois à l'avance par lettre recommandée avec accusé de réception, sans avoir besoin de dire pourquoi ;
– un mois à l'avance en cas de mutation professionnelle, de perte d'emploi ou de nouvel emploi consécutif à une perte d'emploi.

Quelles sont les clauses obligatoires du contrat de location ?

Le contrat de location doit mentionner :
– le nom du bailleur (propriétaire du logement) ;
– la date d'entrée en vigueur du contrat, sa durée ;
– la description précise du logement, des équipements, des annexes. S'il s'agit d'un meublé, il peut être procédé à un inventaire ;
– la destination du logement : habitation ou lieu professionnel (par exemple, pour un médecin) ou les deux ;
– l'énumération des parties communes ;
– le montant du loyer, les modalités de paiement et les révisions éventuelles du loyer ;
– le montant du dépôt de garantie.
L'état des lieux et les extraits de règlement de copropriété doivent être annexés au contrat.

Qu'est-ce qu'un dépôt de garantie ?

Le dépôt de garantie est une somme qui ne peut pas dépasser deux mois de loyer, hors charges. Il est versé avec la première mensualité (le premier loyer).
Ce dépôt de garantie sera remboursé au plus tard deux mois après le départ du logement.
Le propriétaire déduira de ce dépôt de garantie les sommes que le locateur n'a éventuellement pas payées. Par exemple :
– la taxe d'enlèvement des ordures ménagères ;
– les frais de remise en état du logement, si le locataire a fait des dégradations ;
– une facture d'électricité qui n'a pas été payée ; etc.

Le montant du loyer

Le montant du loyer est noté sur le contrat de location. Il doit être payé chaque mois à la date prévue par le contrat.
Le loyer peut être révisé tous les ans (augmenté éventuellement). L'indice de référence de loyer (IRL) sert de base de calcul pour la révision annuelle des loyers d'habitation.

PREMIÈRE PAGE D'UN CONTRAT DE LOCATION

1 →

CONTRAT DE LOCATION
loi n° 89-462 du 6 juillet 1989
LOCAUX VACANTS NON MEUBLÉS

☒ HABITATION PRINCIPALE
☐ PROFESSIONNEL et HABITATION PRINCIPALE

Entre les soussignés

2 → BAILLEUR

Madame Eliane Lefebure
Née le 05/04/50
à Quiberon

dénommé « LE BAILLEUR »

3 → MANDATAIRE

AGENCE IMMOBILIERE FUSTIN
6 avenue des Platanes
84 000 Avignon

4 → LOCATAIRE(S)

Madame Myriam Gradit, célibataire
demeurant 18 rue Notre Dame 11 100 Narbonne

dénommé(s) « Le LOCATAIRE » (au singulier)

Il a été convenu et arrêté ce qui suit :

Le bailleur loue les locaux et équipements ci-après désignés au locataire qui les accepte aux conditions suivantes.

LOCAUX

5 → Adresse Résidence "La Tramontane" appartement n° 12
entrée B Rue du Moulin 84 000 Avignon

Consistance	**Désignation des locaux et équipements privatifs**
☒ Appartement ☐ Maison individuelle ☐	APPARTEMENT A USAGE EXCLUSIF D'HABITATION COMPRENANT Hall d'entrée, salle de séjour, cuisine, salle de bains, W.C., une chambre. ← 6
Dépendances (7 →)	
☒ Garage n° 8 ☐ Place de stationnement n° .... ☐ Cave n° .... ☐	

8 → **Enumération des parties et équipements communs**

☒ Gardiennage	☒ Ascenseur	☒ Antenne TV collect.	☐ Local à poussettes	☐ ....
☒ Interphone	☒ Vide-ordures	☒ Espace(s) vert(s)	☐ ...court(s) de tennis	☐ ....

9 → JF M.G E.L

1

1 Logement libre et vide.
Remarque : il est possible de louer un logement dans lequel il y a des meubles.

2 Personne qui possède le logement.

3 Personne chargée par le propriétaire de louer le logement.

4 Personne qui désire habiter le logement.

5 Adresse du logement proposé.

6 Description du logement avec les différentes pièces.

7 Place de stationnement, de parking.

8 L'immeuble a un concierge.

9 Les initiales du mandataire (ou du bailleur) et du locataire. Chacun les inscrit de sa main.

Le permis de construire

Le permis de construire est une autorisation administrative obligatoire pour toute construction supérieure à 20 m² en surface brute. Il est délivré sous réserve du droit des tiers. Les démarches doivent être faites en temps utile. La demande de permis de construire doit être faite à la mairie de la commune où se situe le terrain.

Comment procéder pour avoir le droit de construire ?

Le demandeur doit remplir le formulaire « Demande de permis de construire ». Il le dépose à la mairie du lieu de construction, accompagné des plans du projet. La mairie transmet le dossier aux services de l'équipement qui, après instruction, le renvoient avec un arrêté signé par le maire et établi en quatre exemplaires.
Le demandeur reçoit en même temps une ouverture et un achèvement des travaux vierges en trois exemplaires.

Comment déclarer l'ouverture et l'achèvement des travaux ?

Dès que la dalle est construite, le demandeur doit envoyer les trois exemplaires d'ouverture des travaux dûment remplis à la mairie et mettre un panneau sur le terrain. Un exemplaire est conservé en mairie, un autre est envoyé aux services de l'équipement, le dernier à la sous-préfecture. Dès la fin des travaux, les trois exemplaires d'achèvement des travaux doivent parvenir à la mairie.

Comment obtenir le permis de construire ?

Les services de l'équipement délèguent une personne qui inspecte la construction pour voir si elle est conforme au plan déposé. Sur son avis, le maire délivre un certificat de conformité. Celui-ci vaut juridiquement pour permis de construire.
Des documents doivent être joints à la demande de permis de construire : un plan de situation du terrain, des plans de la construction envisagée, deux photos au moins, un document graphique représentant la future construction sur une photo, une notice descriptive du paysage.

Quels services peuvent intervenir ?

Toute construction est soumise à une réglementation très stricte en matière d'emplacement :
– dans un périmètre de monuments historiques, l'architecte des Bâtiments de France donne son avis ;
– dans une zone d'affaissements miniers, le service des Mines intervient ;
– s'il s'agit d'une construction destinée à recevoir du public, les services de sécurité sont concernés.
Peuvent intervenir également : le service d'archéologie de la direction régionale des Affaires culturelles, la direction départementale du Travail et de l'Emploi, la direction départementale des Affaires sanitaires et sociales.

DEMANDE DE PERMIS DE CONSTRUIRE

Liberté • Égalité • Fraternité
RÉPUBLIQUE FRANÇAISE

Demande de permis de construire pour une maison individuelle ou ses annexes

par un particulier pour lui-même

(Article R. 421-1-1 du Code de l'urbanisme)

cerfa
N° 12393*01

Vous pouvez utiliser ce formulaire si :

- Vous construisez une maison individuelle ou ses annexes.
- Vous agrandissez une maison individuelle ou ses annexes.
- Vous aménagez pour l'habitation tout ou partie d'une construction existante.

cadre réservé à la mairie du lieu de construction

P C ___ ___ ___ ___
Dpt Commune Année N° de dossier

La présente demande a été reçue à la mairie

le ___ ___ ___ *Cachet de la mairie et signature du receveur*

1 - Identité du (ou des) demandeur(s) *Indiquez vos nom(s), prénom(s) et adresse(s) complète(s)*

Informations facultatives : téléphone, télécopie, adresse électronique...

1 → **2 - Terrain** *Le terrain est constitué de l'ensemble des parcelles cadastrales d'un seul tenant appartenant à un même propriétaire*

2.1 - Sa localisation *(adresse complète)*

Code postal Commune

2.2 - Sa superficie totale *(exprimée en m²)*

2.3 - Ses références cadastrales, section(s) et numéro(s) *(si vous les ignorez, contactez la mairie)*

2.4 - Sa situation juridique ⚠ ***Important** : ces informations sont facultatives mais il est dans votre intérêt de les fournir pour préciser vos droits à construire sur le terrain et permettre le calcul des impositions prévues par le Code de l'urbanisme*

2 → 2.4.1 Un **certificat d'urbanisme** a-t-il été délivré pour ce terrain ? Oui ❑ Non ❑ Je ne sais pas ❑

Si oui, précisez le numéro du certificat ___ et sa date ___

2.4.2 Le terrain est-il situé dans un **lotissement** ? Oui ❑ Non ❑ Je ne sais pas ❑ ← 3

2.4.3 Le terrain est-il situé dans une **zone d'aménagement concerté** (Z.A.C.) ? Oui ❑ Non ❑ Je ne sais pas ❑

2.4.4 Le terrain fait-il partie d'un **remembrement urbain** (association foncière urbaine autorisée) ? Oui ❑ Non ❑ Je ne sais pas ❑

Si vous connaissez un nom, une date d'autorisation ou de décision et un numéro, indiquez-les :

3 - Conception du projet

Avez-vous eu recours à un(e) architecte ?

Oui ❑ Non ❑

Le recours à un(e) architecte est obligatoire si la Surface Hors Œuvre Nette (S.H.O.N.) de votre construction, après travaux, est supérieure à 170 m².

Cachet de l'architecte

Signature de l'architecte

Mod 5421.00

1 Le choix du terrain est important. Son prix peut dépendre de sa nature, de sa surface, de sa situation, du fait qu'il soit aménagé ou non.

2 Ce certificat précise si un terrain peut être affecté à la construction ou non. Il est donc fondamental.

3 Si le projet est situé dans un lotissement, il y a également des règles figurant au cahier des charges à respecter.

Le déménagement

Déménager ne consiste pas simplement à quitter son ancien logement et à emménager dans le nouveau. Certaines démarches administratives ou privées doivent être effectuées. Il ne faut en négliger aucune. Elles évitent par la suite bien des soucis et des tracas.

Qui prévenir du changement d'adresse ?

Lors d'un déménagement ou dans les mois qui suivent un déménagement, il convient de prévenir :
- la Sécurité sociale et la mutuelle ;
- la caisse d'allocations familiales ;
- la caisse de retraite ;
- l'employeur ;
- la banque ;
- les compagnies d'assurances (automobile, maison...) ;
- le centre des impôts et la perception ;
- la brigade de gendarmerie du nouveau domicile.

Le déménagement entraînera peut-être un changement de caisse primaire d'assurance maladie, de caisse d'allocations familiales et de centre des impôts dont il faudra tenir compte.

Comment procéder avant de quitter l'ancien logement ?

1. Prévenir le propriétaire par lettre recommandée lorsqu'on est locataire (cf. p. 98-99).
2. Contacter une entreprise de déménagement ou louer un camion.
3. Se renseigner à la caisse d'allocations familiales pour savoir si l'on peut avoir une prime de déménagement (*cf.* p. 104-105).
4. Demander un relevé des compteurs d'électricité, de gaz et d'eau pour résilier l'abonnement de l'ancien logement.
5. Demander le transfert du téléphone ou la résiliation de l'installation téléphonique.
6. Demander un certificat de radiation à l'école des enfants.
7. Faire suivre son courrier en allant au bureau de poste qui le distribue habituellement (*cf.* p. 148).
8. Demander un certificat de situation à la préfecture ou à la sous-préfecture.

Comment procéder à l'entrée dans le nouveau logement ?

1. Faire une demande d'abonnement d'électricité, de gaz et d'eau pour le nouveau logement.
2. Inscrire les enfants dans une école proche du nouveau domicile.
3. S'inscrire sur les listes électorales de la mairie du nouveau domicile.
4. Aller à la préfecture ou à la sous-préfecture aux services des cartes grises pour signaler le changement d'adresse si on possède un véhicule.
5. Demander la mise en service d'une nouvelle ligne téléphonique.

ORDRE DE RÉEXPÉDITION DU COURRIER

LA POSTE

CONTRAT DE RÉEXPÉDITION OU DE GARDE DU COURRIER — PARTICULIERS

Merci de remplir ce document en lettres majuscules avec un stylo à bille
Vous pouvez également souscrire votre contrat sur internet à l'adresse suivante : www.laposte.fr/reexpedition

1 →

[redacted]éexpédition définitive ← **3**

Nationale : ☐ 6 mois, ☐ 12 mois, Internationale : ☐ 6 mois, ☐ 12 mois, [redacted]

Si le changement d'adresse concerne le courrier d'une personne décédée, cocher ici ☐

Je souhaite recevoir un message m'informant de l'échéance prochaine de mon contrat (Valable uniquement pour la Réex. Déf. Nationale 6 mois) :

Par courriel* à l'adresse ____________ @ ____________ **Par SMS sur le téléphone portable***

*Champs non obligatoires. Ces informations ne seront communiquées à aucune entreprise ni aucun organisme.

[redacted]expédition temporaire

☐ **Nationale : 15 jours à 12 mois,** ☐ **Internationale : 15 jours à 12 mois,** [redacted]

☐ **Nationale, depuis ou vers une Poste Restante : 15 jours à 3 mois,**

[redacted]rde du courrier ☐ **1 jour à 2 mois** [redacted]

Un délai de 5 jours ouvrables est nécessaire pour la mise en œuvre de la Réexpédition ou de la Garde.

2 →

PERSONNES CONCERNÉES

Ensemble du foyer concerné : ☐ OUI ☐ NON

Téléphone (facultatif) : avant le changement d'adresse — après le changement d'adresse

Mme ☐ Melle ☐ M ☐ — Nom — Prénom

Mme ☐ Melle ☐ M ☐ — Nom — Prénom — Signature

Mme ☐ Melle ☐ M ☐ — Nom — Prénom — Signature

Mme ☐ Melle ☐ M ☐ — Nom — Prénom — Signature

Dans tous les cas, mentionner nominativement l'intégralité des personnes concernées. Si le foyer comporte plus que 4 personnes, compléter la liste au verso du premier feuillet.

ANCIENNE ADRESSE

APPARTEMENT, BOÎTE À LETTRES, ÉTAGE, COULOIR, ESCALIER

ENTRÉE, TOUR, IMMEUBLE, BÂTIMENT, RÉSIDENCE

N° • EXTENSION (BIS, TER), NOM DE LA VOIE

BP OU LIEU DIT

CODE POSTAL, LOCALITÉ

NOUVELLE ADRESSE

APPARTEMENT, BOÎTE À LETTRES, ÉTAGE, COULOIR, ESCALIER, CHEZ M.

ENTRÉE, TOUR, IMMEUBLE, BÂTIMENT, RÉSIDENCE

N° • EXTENSION (BIS, TER), NOM DE LA VOIE

BP OU LIEU DIT

CODE POSTAL, LOCALITÉ

NOM DU PAYS, EN FRANÇAIS (POUR L'INTERNATIONAL SEULEMENT)

Pour l'international, structurer les lignes selon la présentation de l'adresse du pays de destination.

SIGNATURE

Je soussigné(e) ____________ atteste l'exactitude des informations ci-dessus, déclare être mandaté(e) pour contracter au nom des personnes concernées et avoir pris connaissance des conditions générales du contrat de Réexpédition et de Garde du courrier - particuliers

À ____________ Le ____________

Signature

Vous disposez d'un droit d'accès et de rectification aux données vous concernant qui sont enregistrées dans la base nationale des changements d'adresse de La Poste en vous adressant à votre bureau de Poste ou à votre centre opérationnel de l'adresse. La Poste est tenue de notifier les changements de domicile à l'administration fiscale conformément à l'article L3 du code des postes et des communications électroniques. Vos coordonnées sont susceptibles d'être utilisées à des fins de prospection par les partenaires de La Poste (entreprises, associations, commerces, etc) sauf opposition de votre part en cochant la case ci-contre. ☐

A REMPLIR PAR LA POSTE

Bureau de Poste de : ____________

Montant encaissé : ____________ €

Ou Pack Ma Nouvelle Adresse

☐ 6 mois ☐ 12 mois

Ou N° Abonnement Mobilité : ____________

Date expiration :

N° de contrat :

Timbre à date obligatoire

Exemplaire pour La Poste - La Poste RCS Paris 356 000 000 - 06/2006 - DAPO 520 004 790 - 613 385

1 Si on a souscrit la réexpédition nationale pour une durée de 6 mois, on peut renouveler son contrat pour 6 mois de plus sans supplément de prix.

2 Toutes les personnes concernées doivent fournir une pièce d'identité.

3 La demande de réexpédition ou de garde du courrier doit être faite au moins 5 jours avant la date souhaitée du début du service.

La prime de déménagement

La prime de déménagement est versée sous certaines conditions par les caisses d'allocations familiales aux familles qui changent de résidence principale. Cette prime n'est pas automatique, il faut en faire la demande.

Comment obtenir la prime de déménagement ?

- Pour bénéficier de cette prime, le déménagement doit avoir lieu entre le 1er jour du mois civil suivant la fin du 3e mois de grossesse et le dernier jour du mois civil précédant celui où le 3e enfant (ou plus) atteint ses 2 ans. Il faut donc avoir au moins trois enfants.

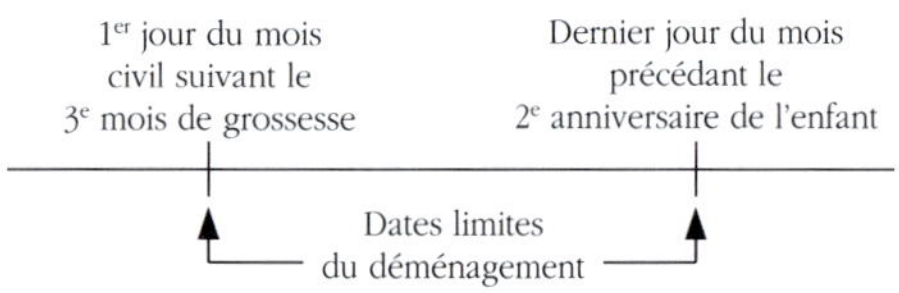

- Il faut également avoir droit à une aide au logement dans les six mois qui suivent le déménagement. Les aides au logement dépendent des revenus et des caractéristiques du logement.
- Dans tous les cas, si on a reçu une autre aide pour son déménagement, il faut fournir une attestation de tout organisme ou de son employeur précisant la nature et le montant de l'aide. Si cette aide est inférieure au montant de la prime, la CAF du demandeur lui versera éventuellement la différence.

Quel est le montant de cette prime ?

- En principe, on touche une somme égale aux dépenses occasionnées par le déménagement, mais le versement ne peut dépasser un certain plafond qui varie selon la composition de la famille. Sous certaines conditions, on peut obtenir une avance partielle de la prime. Si on déménage par ses propres moyens, il faut le certifier en faisant une attestation sur l'honneur indiquant les frais engagés et joindre au dossier de demande de prime de déménagement les preuves de ces dépenses (factures, tickets de caisse, reçus concernant, par exemple : une location de camionnette, les frais de carburant, les achats de nourriture servant à préparer les repas des personnes qui sont venues en aide…).
- Le montant de la prime est égal au montant des frais réels de déménagement dans la limite :

– de 897,89 € pour un déménagement après la naissance d'un 3e enfant ;
– de 972,71 € pour un déménagement après la naissance d'un 4e enfant.

Ce plafond est majoré de 74,82 € par enfant supplémentaire.
Montants valables au 31 décembre 2007.

Quelles sont les démarches à accomplir ?

Pour bénéficier de la prime de déménagement, il faut retirer un dossier à la caisse d'allocations familiales dont on dépend. On peut également télécharger un dossier sur le site www.caf.fr. La demande doit être effectuée au plus tard six mois après la date du déménagement.

DEMANDE DE PRIME DE DÉMÉNAGEMENT

ALLOCATIONS FAMILIALES

Demande de prime de déménagement

cnaf
11363*03

Merci de compléter également un formulaire de déclaration de situation.

Art. L 542-8 du code de la Sécurité sociale
Art. L.351-5 du code de la construction et de l'habitat

► Merci de rappeler votre identité

Votre nom : .... Votre prénom : ....

Votre date de naissance : __ __ / __ __ / __ __ __ __

1 → Numéro d'allocataire *(si vous en possédez un)* : ☐☐☐☐☐☐☐

► Votre déménagement

Date du déménagement : __ __ / __ __ / __ __ __ __

Coût du déménagement : ....

Avez-vous déjà obtenu une(des) aide(s) pour payer votre déménagement ?

Si **oui**, indiquez le montant global des aides obtenues : ....

Indiquez le nom et l'adresse des établissements ou organismes qui vous ont accordé ces aides :

....

....

► Déclaration sur l'honneur

Je certifie sur l'honneur l'exactitude de cette déclaration et des documents joints. Je m'engage à signaler immédiatement tout changement modifiant cette déclaration.

Fait à : .... Le : __ __ / __ __ / __ __ __ __

Si le signataire est un représentant de l'allocataire, précisez ci-dessous ses nom, prénom, qualité et adresse :

Signature de l'allocataire ou de son représentant

La CAF vérifie l'exactitude des déclarations effectuées, notamment au moyen d'une enquête menée par un agent de contrôle assermenté. La CAF engagera des poursuites pénales à l'encontre de toute personne coupable de fraudes et fausses déclarations. La Loi punit quiconque se rend coupable de fraudes ou de fausses déclarations (Article L.554-1 du Code de la Sécurité Sociale - Article 351-13 du code de la construction et de l'habitat - Article 441.1 du Code Pénal).

La loi 78-17 du 06/01/1978 relative à l'informatique, aux fichiers et aux libertés s'applique aux réponses faites sur ce formulaire. Elle garantit un droit d'accès et de rectifications pour les données vous concernant auprès de l'organisme qui a traité votre demande.

► Pièces à joindre à votre demande

- soit la facture acquittée de l'entreprise de déménagement précisant les adresses de prise en charge et de livraison ;
- soit les justificatifs des dépenses engagées pour votre déménagement (facture de location de véhicule, facture d'essence...).

S 7102h

Emplacement réservé à la Caf

W 1140001G Date de 1ère demande : __ __ / __ __ / __ __ __ __

DPD

1 Numéro attribué par la CAF.

Le plan épargne logement

Le plan épargne logement (PEL) permet à la fois d'économiser et d'emprunter par la suite pour financer l'acquisition d'un logement ou pour effectuer des modifications dans sa résidence principale.

Où se renseigner sur le plan épargne logement ?

La Poste, les banques, les Caisses d'épargne peuvent donner tous les renseignements qui concernent l'épargne logement.

Qu'est-ce que le plan épargne logement ?

De façon générale, le plan épargne logement comporte deux périodes.

- La première période dure quatre ans.

D'abord, on verse la somme d'argent que l'on veut (au moins 225 €). Puis on épargne de l'argent régulièrement (tous les mois, tous les trois mois ou tous les six mois). Au minimum, il faut verser 45 € par mois. Ce minimum annuel est de 540 €.
Cette épargne rapporte des intérêts.

- La seconde période commence à la fin de la quatrième année. On peut alors obtenir un prêt d'un montant maximum de 92 000 €.

Remarque : la durée de vie totale d'un PEL est de 10 ans maximum.

Qui peut ouvrir un plan épargne logement ?

Tout le monde peut ouvrir un plan épargne logement, mais chacun ne peut en posséder qu'un seul.
L'âge des personnes n'a aucune importance : les parents peuvent donc ouvrir un PEL au nom de leurs enfants.
Chaque personne (adulte ou enfant) d'une même famille peut ouvrir un PEL.

À quoi peut servir le plan épargne logement ?

Un PEL peut servir à :
– acheter, construire, améliorer, agrandir l'habitation principale ou, sous certaines conditions, la résidence secondaire ;
– payer le terrain si le prêt finance simultanément les dépenses de construction ;
– acheter un parking ;
– acheter des parts de SCPI (société civile de placements immobiliers), des parts en multipropriété ou d'une résidence de tourisme.

CARACTÉRISTIQUES DU PLAN ÉPARGNE LOGEMENT

Nature du produit	Produit d'épargne réglementé à taux garanti qui permet à l'issue d'une période minimum d'épargne de pouvoir bénéficier d'un prêt immobilier réglementé à conditions privilégiées. ← 4
Pour qui ?	Pour toute personne physique.
Durée	Minimum 4 ans.
1 → **Taux**	2,50 %. Cette rémunération est ← 2 augmentée d'une prime d'État acquise en cas de réalisation d'un prêt épargne logement. Taux brut prime incluse : 3,50 %. ← 3
Seuil	225 €.
5 → **Plafond**	61 200 €.
Versement initial	225 € minimum.
Abonnement	Obligatoire avec les périodicités et les montants suivants : Mensuel : 45 € minimum. Trimestriel : 135 € minimum. Semestriel : 270 € minimum.
Versements libres	Possibles à tout moment dans la limite du *plafond*.
Disponibilité	Tout retrait entraîne la clôture du plan ou sa transformation en compte épargne logement.
Calcul des intérêts	Les intérêts sont calculés en application de la règle des quinzaines.
Fiscalité	Les intérêts du PEL sont soumis aux prélèvements sociaux en vigueur. Les intérêts sont exonérés d'impôt sur le revenu durant les douze premières années du plan.

1 Depuis le 12 décembre 2002, la prime n'est versée que lorsqu'on fait un prêt.

2 La prime d'État de 1 % est plafonnée à 1 525 €.

3 Taux en vigueur pour les PEL ouverts depuis le 1er août 2005.

4 Le montant du prêt est fonction des intérêts acquis et de la durée de remboursement du prêt.

5 Les intérêts ne sont pas compris dans le plafond.

Le livret épargne logement

Le livret ou compte épargne logement permet, comme le plan épargne logement, d'économiser puis d'emprunter. Il est plutôt destiné à financer des petits projets immobiliers.

Où se renseigner sur le livret épargne logement ?

La Poste, les banques, les Caisses d'épargne peuvent donner tous les renseignements qui concernent le livret (ou compte) épargne logement.

Qu'est-ce que le livret épargne logement ?

De façon générale, le livret épargne logement comporte deux périodes.

- La première période dure 18 mois.

D'abord, on verse la somme d'argent que l'on veut (au moins 300 €). Puis on épargne de l'argent (au moins 75 €) quand on veut.

- Pendant la seconde période (après 18 mois), on peut obtenir un prêt d'un montant maximum de 23 000 €.

Remarque : plus la durée du prêt est longue, plus le montant du prêt diminue.

Qui peut ouvrir un livret épargne logement ?

Tout le monde peut ouvrir un livret épargne logement, mais chacun ne peut en posséder qu'un seul.

L'âge des personnes n'a aucune importance : les parents peuvent donc ouvrir un livret épargne logement au nom de leurs enfants.

Chaque personne (adulte ou enfant) d'une même famille peut ouvrir un livret épargne logement.

À quoi peut servir le prêt lié au livret épargne logement ?

Le prêt épargne logement peut financer les mêmes choses que le prêt du plan épargne logement. Toutefois, le montant du prêt accordé est moins important que celui accordé dans le cadre d'un PEL.

CARACTÉRISTIQUES DU COMPTE ÉPARGNE LOGEMENT

1 →	**Nature du produit**	Produit d'épargne réglementé à taux garanti qui permet, à l'issue d'une période minimum d'épargne, de pouvoir bénéficier d'un prêt immobilier réglementé à conditions privilégiées. ← 4
	Pour qui ?	Pour toute personne physique.
	Durée	Illimitée avec un minimum recommandé de 18 mois.
2 →	**Taux**	1,75 % (taux en vigueur au 01/08/2006). Cette rémunération est augmentée d'une prime d'État acquise en cas de réalisation d'un prêt épargne logement. La prime est égale à 50 % des intérêts utilisés et limitée à 1 144 € par opération de prêt.
	Seuil	300 €.
	Plafond	15 300 €.
	Versement initial	300 € minimum.
	Abonnement	À partir de 75 € par mois.
3 →	**Versements libres**	À tout moment avec un minimum de 75 €.
	Disponibilité	Totale et immédiate. Retraits à partir de 75 €. ← 3
	Calcul des intérêts	Les intérêts sont calculés en application de la règle des quinzaines.
	Fiscalité	Les intérêts du CEL sont soumis aux prélèvements sociaux en vigueur et sont exonérés d'impôt sur le revenu.

1 Il est possible de suivre l'évolution de son compte épargne logement par téléphone ou Internet et de gérer son CEL à distance sans frais bancaire.

2 La rémunération annuelle de 1,75 %, hors prime d'État, est le taux en vigueur au 1er août 2006.

3 On peut effectuer des versements mais, contrairement au PEL, on peut aussi effectuer des retraits en toute liberté.

4 Dans le coût du crédit intervient l'assurance décès, la perte totale et irréversible d'autonomie, l'incapacité totale de travail, obligatoire pour une tête à 100 %. Il n'y a pas de frais de dossier sur le CEL (ces caractéristiques sont identiques au PEL).

Le prêt à long terme

Un prêt à long terme est un prêt dont la durée de remboursement est supérieure à une dizaine d'années. Il est destiné à financer des achats importants comme l'acquisition de son logement, par exemple. Bien choisir son prêt et effectuer plusieurs montages financiers peuvent permettre d'importantes économies.

Quelles précautions faut-il prendre ?

Il faut d'abord s'y prendre longtemps à l'avance afin de se renseigner précisément. Ensuite, il est nécessaire de disposer d'un apport personnel égal à au moins 10 % de son projet. Enfin, l'Agence nationale pour l'information sur le logement (ANIL) peut établir gratuitement un plan de financement. Plusieurs simulations financières peuvent être proposées. Il est aussi possible de faire une simulation grâce à l'organisme bancaire en consultant son site Internet.

Quel prêt choisir ?

- Il est nécessaire d'avoir un apport personnel. Celui-ci peut provenir d'économies ou d'une épargne placée sur un plan épargne logement ou un livret épargne logement. Cette solution présente l'avantage de pouvoir bénéficier ensuite d'un prêt à intérêts réduits.
- Le prêt à 0 % peut être obtenu par les personnes ayant des revenus limités. Son montant est plafonné. Il n'est pas non plus cumulable avec certains autres prêts.
- Le 1 % logement est un prêt consenti par les entreprises du secteur privé employant au moins 10 salariés. Son attribution dépend des disponibilités de l'entreprise.
- Le prêt à l'accession sociale ouvre droit à l'aide personnalisée au logement (APL ; *cf.* p. 112-113).
- Le prêt bancaire varie d'un organisme à l'autre ; il s'agit de le négocier.

Remarque : il est conseillé de contacter différents organismes financiers avant de s'engager. À l'aide des renseignements que le demandeur fournira, ils lui proposeront le plan de financement le plus adapté à sa situation.

Un conseil

Quand on établit son plan de financement, il ne faut ni surestimer ses ressources, ni sous-estimer ses charges. Il faut aussi penser qu'au bout de quelques années, on devra changer de voiture, par exemple. Enfin, il faut savoir que son taux d'endettement ne peut être supérieur à 30 % de ses ressources.

SIMULATION DE CRÉDIT

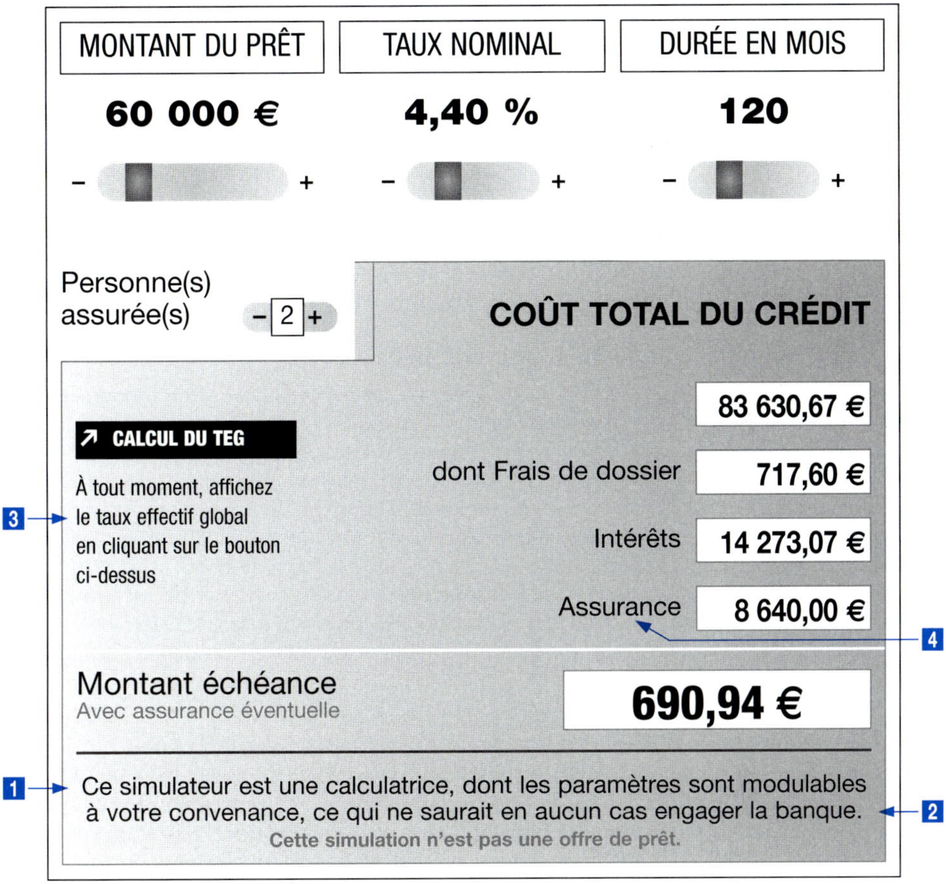

1 Le simulateur de prêt immobilier, accessible sur Internet, permet de faire une première approche des besoins de l'individu et de déterminer au mieux le montant des mensualités de remboursement, la durée du prêt…

2 Le temps passé par la banque à l'analyse du dossier engendre une facturation qui, selon les types de prêt, peut être fixe ou bien proportionnelle au montant du prêt.

3 Le TEG (taux effectif global) est le coût total du prêt consenti à l'emprunteur. Il prend en compte le taux nominal d'intérêt, les timbres fiscaux, les frais de dossier et le coût de l'assurance.

4 L'assurance couvre l'assuré en cas de décès ou de perte totale et irréversible d'autonomie à la suite d'un accident ou d'une maladie. En cas d'incapacité de travail, l'assurance prendra en charge tout ou partie de l'échéance du prêt (selon les modalités du contrat).

Les aides au logement

Les aides au logement, versées par les caisses d'allocations familiales, permettent, pendant un certain temps, de couvrir une partie du loyer ou de la mensualité de remboursement du prêt contracté pour acquérir son logement. Elles sont octroyées aux personnes dont les revenus ne dépassent pas certains plafonds.

Quelles sont les différentes aides au logement ?

L'allocation de logement et l'aide personnalisée au logement sont des aides possibles octroyées par la caisse d'allocations familiales. Aucun cumul n'est permis.

L'aide personnalisée au logement (APL)

- L'APL prend en charge une partie du loyer ou de la mensualité de remboursement de prêt d'un individu pour l'acquisition, l'agrandissement ou l'amélioration de sa résidence principale. Elle peut lui être accordée sous certaines conditions.
- Le montant de l'APL varie selon les revenus de toutes les personnes vivant dans le logement, le nombre d'enfants à charge (de moins de 21 ans) ou de parents âgés ou infirmes à charge. Il tient compte également du montant du loyer ou des mensualités de remboursement d'emprunt, de la localité...
- Sauf exceptions, l'APL est versée directement au bailleur en cas de location et à l'organisme de crédit dans le cas d'une accession à la propriété (dans ce dernier cas, le versement de l'APL dépend de la nature de l'opération, du mode de financement, de la date de signature du prêt principal).

L'allocation de logement

L'allocation de logement (ALS et ALF) est aussi la prise en charge d'une partie du loyer ou de la mensualité de remboursement de prêt (sous certaines conditions) d'un individu pour l'acquisition, l'agrandissement ou l'amélioration de son logement. Cette allocation sera accordée sous certaines conditions : le logement doit avoir un confort minimum et une surface minimale variant selon le nombre d'occupants.
Son montant varie selon :
- les ressources ;
- la situation familiale ;
- le montant du loyer ou des remboursements de prêt ;
- le nombre d'enfants ou de personnes à charge.

Les modalités de versement dépendent de la nature du logement.
Remarque : cette allocation ne peut pas être attribuée si le logement est loué par un des descendants ou ascendants du demandeur.

DEMANDE D'AIDE AU LOGEMENT

ALLOCATIONS FAMILIALES

Demande d'aide au logement

cerfa
10840*04

Merci de compléter également un formulaire de déclaration de situation.

Art. L 542-1et suivants, L 831-1 et suivants du code de la Sécurité sociale
Art. L 351-1 et suivants du code de la construction et de l'habitation

►Merci de rappeler votre identité

Votre nom : ______ Votre prénom : ______

Votre date de naissance : ⊔⊔ ⊔⊔ ⊔⊔⊔⊔

Numéro d'allocataire *(si vous en possédez un)* : ☐☐☐☐☐☐☐

1 → Adresse du logement pour lequel vous demandez l'aide : ______

Depuis quelle date résidez-vous à cette adresse ? ⊔⊔ ⊔⊔ ⊔⊔⊔⊔

Ce logement est-il votre résidence principale ? ☐ oui ☐ non

►Si vous êtes locataire ou résidant d'un foyer

►L'allocataire

• Si vous êtes étudiant(e), bénéficiez-vous d'une bourse d'études attribuée sur critères sociaux ? ☐ oui ☐ non

Nom et adresse de l'organisme qui la verse : ______

►Conjoint, concubin(e) ou pacsé(e)

• S'il (elle) est étudiant(e), bénéficie-t-il(elle) d'une bourse d'études attribuée sur critères sociaux ? ☐ oui ☐ non

Nom et adresse de l'organisme qui la verse : ______

■ Résidez-vous : ☐ dans une famille d'accueil et hébergé(e) à titre onéreux ☐ en foyer ☐ à l'hôtel ou pension de famille ☐ en centre de soins de longue durée

Si vous résidez seul en foyer, aidez-vous financièrement votre famille ? ☐ oui ☐ non

Si vous êtes dans un de ces cas, cochez la case appropriée. Vous n'avez rien d'autre à remplir. Datez et signez ce formulaire. ← **3**

Dans tous les autres cas, répondez aux questions suivantes :

■ Avez-vous un lien de parenté avec votre propriétaire ? ☐ oui ☐ non

Si **oui**, lequel ? ______

■ Votre conjoint ou concubin(e) ou pacsé(e) a-t-il un lien de parenté avec votre propriétaire ? ☐ oui ☐ non

Si **oui**, lequel ? ______

■ Etes-vous logé(e) par votre employeur ? ☐ oui ☐ non

2 → ■ Mettez-vous en sous-location une partie de votre logement ? ☐ oui ☐ non

Si **oui**, depuis quelle date ? ⊔⊔ ⊔⊔ ⊔⊔⊔⊔ Surface totale sous-louée : ⊔⊔⊔ m²

Ne pas tenir compte des balcons, loggias, terrasses.

■ Votre logement comprend-il une ou plusieurs pièces à usage professionnel ? ☐ oui ☐ non

Si **oui**, depuis quelle date ? ⊔⊔ ⊔⊔ ⊔⊔⊔⊔ Surface totale des pièces à usage professionnel : ⊔⊔⊔ m²

Ne pas tenir compte des balcons, loggias, terrasses.

■ Assumez-vous des frais supplémentaires pour l'occupation d'un deuxième logement pour des raisons professionnelles ?

☐ oui ☐ non

Si **oui**, depuis quelle date ? ⊔⊔ ⊔⊔ ⊔⊔⊔⊔

Nom et adresse de l'employeur ______

Nom et adresse du bailleur ______

S 7156 a

1 Une allocation n'est attribuée à un individu qu'au titre de sa résidence principale.

2 Un sous-locataire est une personne qui est locataire d'un logement qui est déjà loué.

3 Le demandeur doit certifier sur l'honneur l'exactitude de la déclaration et des documents joints.

Le permis de conduire

Le permis de conduire est une autorisation administrative pour conduire des véhicules à moteur dont la cylindrée dépasse un certain seuil. Plusieurs formules existent maintenant pour apprendre à conduire et passer le permis. Un apprentissage et des démarches administratives sont nécessaires pour pouvoir le passer.

Quelle formation suivre ?

Pour apprendre à conduire une voiture, on peut s'adresser à une auto-école. Plusieurs formules existent.

- L'enseignement traditionnel : on paie chaque heure de conduite et chaque heure de code (ou un forfait code) jusqu'à la réussite de l'épreuve.
- L'apprentissage anticipé de la conduite (AAC) : il permet à partir de 16 ans de recevoir une formation à la conduite basée sur l'acquisition d'expérience. La conduite se fait à chaque fois avec un majeur possédant son permis depuis plus de 3 ans, ayant plus de 28 ans et ne faisant pas l'objet de condamnation grave. Cet accompagnateur doit être assis sur le siège avant droit et en aucun cas un conducteur en apprentissage anticipé ne doit conduire seul. Un signe fixé à l'arrière du véhicule signale aux autres véhicules qu'il s'agit d'un conducteur en apprentissage anticipé.

Comment financer son permis ?

On peut financer son permis de manière classique mais il existe aussi le permis « à 1 euro par jour » : à travers un système de prêt à taux zéro, avec un remboursement d'un euro par jour, l'État aide les jeunes à financer leur formation à la conduite.

Quelles pièces doit-on fournir ?

Les candidats doivent fournir une demande de permis de conduire remplie, une pièce d'identité, 2 photographies récentes avec au dos les nom et adresse, 2 enveloppes timbrées avec nom et adresse, une photocopie de l'attestation de recensement et du certificat de participation à l'appel de préparation à la défense (pour les Français de 16 à 25 ans, *cf.* p. 72-73).

Quel permis obtient-on ?

Tous les nouveaux titulaires du permis de conduire obtiennent un permis probatoire doté d'un capital de 6 points.

C'est seulement au bout de 3 ans et à condition qu'il n'y ait eu aucun retrait de points que le capital de 12 points est constitué. Si un conducteur a perdu des points pendant la période probatoire, le capital est celui qui lui reste après le retrait des points. Le délai de 3 ans reprend à partir de la date du dernier retrait de points.

Remarque : pour les conducteurs qui ont fait la conduite accompagnée, la période est réduite à 2 ans.

DEMANDE DE PERMIS DE CONDUIRE

cerfa

DEMANDE DE DÉLIVRANCE DE PERMIS DE CONDUIRE
(articles R. 221-19, R 222-1 à R. 222-8 du code de la route)

RÉSERVÉ À L'ADMINISTRATION

N° de primata / Dossier

PRÉFECTURE
Service des Permis de conduire

Réf. **4**

1 LEVÉE DE RESTRICTION PERMIS D
2 CONVERSION DE BREVET MILITAIRE
3 ÉCHANGE DE PERMIS ÉTRANGER
4 ÉCHANGE OU ENREGISTREMENT DE PERMIS FRANÇAIS D'OUTRE-MER
5 VALIDATION DE DIPLÔME OU DE CERTIFICAT PROFESSIONNEL

M.	Mme	Mlle
1	2	3

NOM (nom de naissance) (1)

PRÉNOMS (au complet dans l'ordre de l'état civil)

1 → NOM D'ÉPOUX (s'il y a lieu)

DATE DE NAISSANCE JOUR MOIS ANNÉE

LIEU DE NAISSANCE
COMMUNE (pour les grandes villes, indiquer s'il y a lieu le n° d'arrondissement) Département
Codification
PAYS POUR L'ÉTRANGER - DÉPARTEMENT OU TERRITOIRE POUR L'OUTRE-MER

LIEU DE RÉSIDENCE
ADRESSE COMPLÈTE
CODE POSTAL COMMUNE

CADRE RÉSERVÉ À L'ADMINISTRATION

Catégorie	Date délivrance			Code départem.	Date fin validité			Codes
	JOUR	MOIS	ANNÉE		JOUR	MOIS	ANNÉE	
A								
A1								
B								
B1								
EB								
C								
EC								
D								
ED								

Le demandeur soussigné déclare sur l'honneur que les renseignements de la présente demande sont exacts et qu'il n'est sous le coup d'aucune sanction.

A ______________, le ______________

Signature

2 →

La loi n° 78-17 du 6 janvier 1978 relative à l'informatique, aux fichiers et aux libertés, s'applique aux réponses faites à ce formulaire par les personnes physiques. Elle garantit un droit d'accès et de rectification pour les données vous concernant auprès de la préfecture où la demande a été déposée (cf. art. L. 33 du code de la route).

Tout permis de conduire obtenu frauduleusement sera immédiatement retiré, sans préjudice des poursuites pénales encourues aux termes des articles 441-6 et 441-10 du Code pénal.

1 Le formulaire est à compléter soigneusement. C'est à partir de ces renseignements que le permis s'établit.
2 Le formulaire, dûment rempli par les parents si l'on est mineur, doit être retiré à la préfecture ou fourni par l'auto-école. Il doit figurer dans le dossier d'inscription avec toutes les autres pièces à fournir.

Le permis à points

Le permis à points est une réglementation administrative qui vise à inciter les conducteurs à la prudence et au respect des règles de sécurité routière. Épargner des vies, éviter des blessés sont les principaux objectifs de cette nouvelle réglementation. Pendant les 3 premières années, le jeune conducteur dispose d'un capital de 6 points.

Sur quels principes repose-t-il ?

- Titulaire depuis plus de 3 ans d'un permis de conduire toutes catégories confondues, tout conducteur dispose d'un capital de 12 points. À chaque infraction aux prescriptions du code de la route, le conducteur est sanctionné par la perte d'un nombre de points établi d'après un barème précis. Il existe 5 degrés de gravité des fautes. On peut ainsi perdre 6, 4, 3, 2 ou 1 point sur 12.
- C'est l'ordinateur des services de la préfecture qui, en fonction des infractions sanctionnées qu'un conducteur aura commises, assurera la gestion de ses points.

Comment connaître son nombre de points ?

- Lorsque l'infraction est constatée, les forces de l'ordre signalent au conducteur en faute le risque de retrait de points.
- Le retrait intervient quand la condamnation prononcée par le juge est définitive, ou quand l'amende forfaitaire a été payée. Le retrait reste confidentiel. Il n'a pas à être communiqué à l'employeur ou à l'assureur. Lorsqu'un conducteur a perdu 1 ou plusieurs points, il en est avisé par lettre simple. Lorsque son capital de 12 points est épuisé, il en est informé par lettre recommandée. Son permis est alors annulé et il dispose d'un délai de 7 jours pour le restituer aux autorités préfectorales. Le retrait des points s'ajoute aux sanctions liées à l'infraction : amende, suspension du permis, peine de prison... Quand deux infractions sont commises en même temps, les points retirés se cumulent.
- On peut perdre au maximum 6 points pour plusieurs contraventions commises en même temps, et 8 points pour plusieurs contraventions dont au moins un délit. Un retrait de 12 points en une seule fois est impossible.

Comment récupérer son permis en cas d'épuisement des points ?

Il faut attendre 6 mois. Puis il faut subir un examen médical et psycho-technique. Si l'individu est titulaire du permis depuis moins de 3 ans, il devra repasser les épreuves du code et de la conduite.

Si l'individu est titulaire du permis depuis plus de 3 ans et s'il a refait acte de candidature au permis moins de 3 mois après la date de fin d'interdiction de solliciter un permis, il devra réussir l'épreuve du code de la route.

Dans tous les cas, on peut commencer ces formalités avant les 6 mois de délai. On retrouve automatiquement et en totalité ses 12 points si, pendant 3 ans, on n'a pas commis la moindre infraction. On peut également récupérer 4 points en décidant de suivre un stage payant de sensibilisation à la sécurité routière.

QUAND DES POINTS SONT-ILS RETIRÉS ?

Le constat de l'infraction

> Lors du constat d'une infraction au code de la route, les forces de l'ordre vous informent du principe du retrait de points.
> Pour plusieurs infractions commises simultanément, vous pouvez perdre au maximum 8 points. **Mais une seule infraction peut vous faire perdre jusqu'à 6 points et votre permis peut ainsi être invalidé.**
> **Le retrait de points est effectif :**

- après paiement de l'amende forfaitaire ;
- après condamnation définitive ;
- après exécution d'une sanction pénale ;
- si l'amende forfaitaire majorée n'est pas payée dans les délais.

- 1 point

> **Pour les contraventions suivantes :**

- Dépassement de moins de 20 km/h de la vitesse maximale autorisée.
- Chevauchement d'une ligne continue (il y a chevauchement lorsque la ligne continue n'est pas franchie par la totalité du véhicule).

- 2 points

> **Pour les contraventions suivantes :**

- Dépassement de la vitesse maximale autorisée compris entre 20 et moins de 30 km/h.
- Utilisation d'un téléphone tenu en main.
- Usage d'un détecteur de radar.
- Accélération de l'allure d'un véhicule sur le point d'être dépassé.
- Circulation ou stationnement sur un terre-plein central d'autoroute.

- 3 points

> **Pour les contraventions suivantes :**

- Dépassement de la vitesse maximale autorisée compris entre 30 et moins de 40 km/h.
- Non-port de la ceinture de sécurité par le conducteur.
- Conduite d'un deux-roues de plus de 50 cm^3 sans casque ou avec un casque non homologué ou non attaché.
- Circulation sans motif sur la partie gauche de la chaussée.
- Non-respect des distances de sécurité entre véhicules.
- Franchissement d'une ligne continue.
- Changement important de direction sans précaution ni avertissement préalable.
- Dépassement dangereux.
- Arrêt ou stationnement dangereux.
- Stationnement nocturne ou par temps de brouillard sans signalisation ou éclairage dans un lieu non éclairé.
- Circulation sur la bande d'arrêt d'urgence.
- Non-respect des restrictions de validité du permis de conduire.

- 4 points

> **Pour les contraventions suivantes :**

- Dépassement de la vitesse maximale autorisée compris entre 40 km/h et moins de 50 km/h.
- Non-respect de la priorité (intersection, piéton, etc.).
- Non-respect du panneau « stop » ou du feu rouge.
- Circulation de nuit ou par temps de brouillard, en un lieu dépourvu d'éclairage public, d'un véhicule sans éclairage ni signalisation.
- Marche arrière ou demi-tour sur autoroute.
- Circulation en sens interdit.
- Utilisation d'un véhicule non homologué ou débridé.

- 6 points (permis invalidé)

> **Pour les contraventions suivantes :**

- Conduite avec un taux d'alcool dans le sang compris entre 0,5 et 0,8 g/l (soit entre 0,25 et 0,40 mg/l d'air expiré).
- Dépassement de 50 km/h ou plus de la vitesse maximale autorisée.

> **Pour les délits suivantes :**

- Homicide ou blessures involontaires entraînant une incapacité totale de travail.
- Conduite avec un taux d'alcool dans le sang égal ou supérieur à 0,8 g/l (soit 0,40 mg/l d'air expiré).
- Conduite en état d'ivresse manifeste.
- Conduite après consommation de stupéfiants.
- Refus de se soumettre à la vérification de l'alcoolémie ou de l'usage de stupéfiants.
- Récidive de conduite à une vitesse excédant la vitesse maximale autorisée de 50 km/h ou plus (dans une période de trois ans).
- Conduite malgré la rétention ou la suspension du permis ou refus de restitution du permis.
- Délit de fuite.
- Refus d'obtempérer à une sommation d'arrêt ou de se soumettre aux vérifications.
- Usage volontaire de fausses plaques d'immatriculation, défaut volontaire de plaques et fausses déclarations.
- Gêne ou entrave volontaire à la circulation.
- Obstacle à une mesure d'immobilisation ou à un ordre d'envoi en fourrière.

D'après le site de la sécurité routière, 2007.

La carte grise

La carte grise est un document qui atteste que l'on est propriétaire de son véhicule. Elle est établie par l'autorité administrative et elle est obligatoire. Dans un souci de prévention, des modifications y ont été apportées. On doit toujours l'avoir avec soi dès que l'on utilise son véhicule.

Quelles pièces sont fournies lors de l'achat d'un véhicule neuf?

Lors de l'achat d'un véhicule neuf, on remet à l'acheteur:
– la facture du véhicule qui atteste de la transaction et de son montant;
– le bon de garantie s'il y a lieu;
– la carte grise.

Quelles pièces supplémentaires sont fournies lors de l'achat d'un véhicule d'occasion?

S'il s'agit d'un véhicule d'occasion, on remet aussi à l'acheteur:
– la carte grise barrée portant la mention «Vendu le ... à ... heures» avec la signature du propriétaire précédent (pour certaines cartes grises, il faut découper le coin supérieur droit et, pour les plus récentes, remplir un coupon qui figure sur l'un des volets);
– le certificat de passage au contrôle technique de moins de 6 mois si le véhicule a plus de 4 ans;
– le certificat de vente établi par l'ancien propriétaire;
– le certificat de situation si le véhicule provient d'un autre département. Il est conseillé de demander ce certificat même si le véhicule ne change pas de département.

Les caractéristiques de la carte grise

- Le certificat d'immatriculation est couramment appelé «carte grise». Ce certificat est délivré par la préfecture ou la sous-préfecture.
- Le certificat est payant. Le montant de la taxe dépend de la région où on réside et de la puissance du véhicule (nombre de chevaux fiscaux).
- Les lettres (ou celles suivies d'un chiffre) entre parenthèses précisent toutes les caractéristiques techniques du véhicule.
- Lorsqu'il s'agit d'un véhicule neuf, le contrôle technique doit être fait dans un délai de 4 ans puis tous les 2 ans.

Quand on achète un véhicule d'occasion, le contrôle doit dater de moins de 6 mois.
Remarque: si le véhicule a moins de 4 ans, le contrôle n'est pas obligatoire.
Signification des sigles figurant sur la carte:
– VP: véhicule particulier;
– EN: énergie;
– GO: gazole;
– ES: essence;
– GPL: gaz liquide;
– Puiss: puissance;
– Pl. ass.: nombre de places assises;
– Poids TC: poids total autorisé en charge;
– Poids TR: poids total roulant autorisé;
– Br: bruit (niveau sonore de référence);
– Rég. mot.: régime moteur.

RENSEIGNEMENTS FIGURANT SUR LA CARTE GRISE

République Française
Communauté européenne

F

Ministère des Transports

Certificat d'immatriculation

Permiso de circulación; Osvědčení o registraci; Registreringsattest; Zulassungsbescheinigung; Registreerimistunnistus; Άδεια κυκλοφορίας; Registration certificate; Carta di circolazione; Reģistrācijas apliecība; Registracijos liudijimas; Forgalmi engedély; Ċertifikat ta' Reġistrazzjoni; Kentekenbewijs; Dowód Rejestracyjny; Certificado de matrícula; Osvedčenie o evidencii; Prometno dovoljenje; Rekisteröintitodistus; Registreringsbeviset;

(A) Numéro d'immatriculation
(A.1) Numéro d'immatriculation auquel se réfère le certificat précédent
(B) Date de la première immatriculation du véhicule
(C.1) Nom, prénom et adresse dans l'État membre d'immatriculation à la date de délivrance du document, du titulaire du certificat d'immatriculation
(C.3) Nom, prénom et adresse dans l'État membre d'immatriculation à la date de délivrance du document, de la personne physique ou morale pouvant disposer du véhicule à un titre juridique autre que celui de propriétaire
(C.4) a) Mention précisant que le titulaire du certificat d'immatriculation est le propriétaire du véhicule
(C.4.1) Mention précisant le nombre de personnes titulaires du certificat d'immatriculation, dans le cas de multi-propriété
(D.1) Marque
(D.2) Type, variante (si disponible), version (si disponible)
(D.2.1) Code national d'identification du type (en cas de réception CE)
(D.3) Dénomination commerciale
(E) Numéro d'identification du véhicule
(F.1) Masse en charge maximale techniquement admissible, sauf pour les motocycles (en kg)

1 →

Inscrire les coordonnées de l'acquéreur et votre signature **en cas de cession à un tiers ou pour destruction** (ne pas remplir en cas de cession à un professionnel de l'automobile).
Inscrire vos coordonnées et signature **en cas de demande de nouvelle carte grise.**

Nom ....

Domicile ....

.... **Date** __ __ / __ __ / __ __ __ __

Ce coupon permet de circuler pendant une période d'un mois au maximum

Signature

(X.1) DATES DE VISITES TECHNIQUES

1 Lors d'un changement de propriétaire, cette partie :
- indique les coordonnées de l'acquéreur ;
- est signée par le vendeur.

Lors d'un changement de domicile du propriétaire, cette partie :
- indique ses coordonnées ;
- est signée par lui-même.

Le certificat de situation

Le certificat de situation garantit que le véhicule acheté n'est pas gagé, c'est-à-dire qu'il ne risque pas d'être saisi en cas de dette. Il est parfois obligatoire lors de l'achat d'une voiture d'occasion.

Quand faut-il un certificat de situation ?

Le certificat de situation est obligatoire lors de l'achat d'un véhicule d'occasion.
Il faut remettre ce certificat de situation à la sous-préfecture ou à la préfecture, avec le formulaire de demande de certificat d'immatriculation.
Remarque : ce certificat est gratuit et reste valable un mois.

Comment se procurer un certificat de situation ?

On peut se procurer ce certificat de situation en se rendant à la préfecture ou à la sous-préfecture, dans laquelle se trouve une borne prévue à cet effet.
Il est aussi possible de faire cette démarche par Internet (www.interieur.gouv.fr). Le ministère de l'Intérieur a mis en place ce téléservice pour permettre aux utilisateurs d'obtenir ce certificat sans avoir à se déplacer.

Quelles informations figurent sur le certificat de situation ?

Ce certificat indique si le véhicule est gagé et s'il y a une opposition quelconque au transfert de carte grise. Il sera indiqué, par exemple :
– « Aucune opposition judiciaire inscrite » ;
– « Aucune opposition du Trésor inscrite » ;
– « Aucune opposition d'huissier inscrite » ;
– « Véhicule non gagé »...

D'autres informations y figurent telles que :
– le numéro d'immatriculation du véhicule ;
– le numéro dans la série du type ;
– la marque ;
– le type.

Quels sont les autres documents nécessaires pour l'achat d'un véhicule d'occasion ?

Le vendeur doit remettre à l'acheteur sa carte grise portant la mention « Vendu le ... à ... heures » avec sa signature. Il lui donne aussi le certificat de passage au contrôle technique qui doit avoir moins de 6 mois si le véhicule a plus de 4 ans. Enfin, il lui remet le certificat de vente.

DEMANDE DE CERTIFICAT DE SITUATION

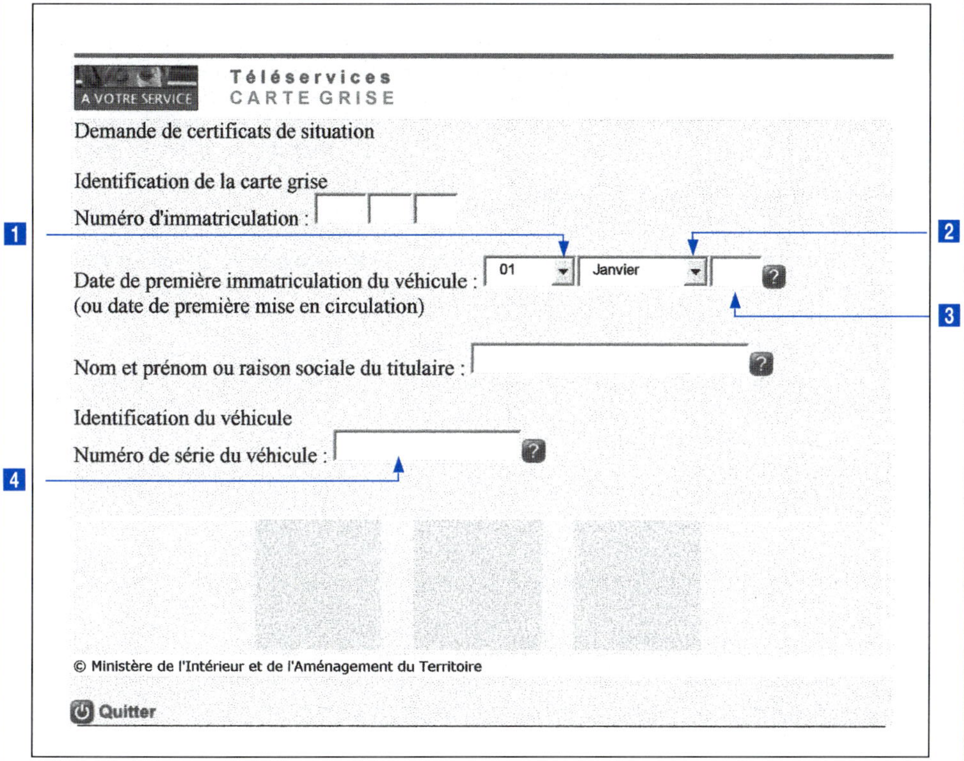

À VOTRE SERVICE

Téléservices
CARTE GRISE

Demande de certificats de situation

Identification de la carte grise

Numéro d'immatriculation :

Date de première immatriculation du véhicule : 01 Janvier
(ou date de première mise en circulation)

Nom et prénom ou raison sociale du titulaire :

Identification du véhicule

Numéro de série du véhicule :

© Ministère de l'Intérieur et de l'Aménagement du Territoire

Quitter

1 Cliquer sur la flèche afin de choisir la date indiquée à côté de la lettre (B) des nouvelles cartes grises.

2 Cliquer sur la flèche afin de choisir le mois de première mise en circulation du véhicule.

3 L'année sera notée en tapant sur les chiffres du clavier de la borne ou de l'ordinateur.

4 Le numéro de série du véhicule qui correspond à son identification est indiqué :

- à côté de la lettre (E) des nouveaux certificats d'immatriculation ;
- sous la mention « N° dans la SÉRIE du TYPE (G) » pour les anciens certificats d'immatriculation.

L'assurance automobile

Dès l'achat d'un véhicule, on doit veiller à l'assurer. L'assurance est en effet obligatoire. Elle est demandée au moment des contrôles routiers. Il est recommandé de se renseigner auprès de plusieurs compagnies d'assurances pour comparer les prix et les risques couverts.

Qu'est-ce qu'une assurance ?

L'assurance est une protection qui limite les conséquences financières contre un événement malheureux (le risque). Elle permet d'être remboursé en cas d'incendie, d'accident ou de toucher une somme d'argent (l'indemnité) en cas de décès, d'handicap…

À quoi sert l'assurance automobile ?

- L'assurance automobile rembourse obligatoirement les dégâts causés aux autres par son véhicule.
- Si l'assuré paie un supplément, l'assurance :

–rembourse les dégâts que peut subir son véhicule à la suite d'un incendie, d'un vol, d'un choc (collision) ;
–défend le conducteur devant les tribunaux quand c'est nécessaire ;
–verse une somme d'argent (l'indemnité) aux victimes ou à leurs familles si les personnes transportées dans son véhicule sont tuées ou handicapées, à la suite d'un accident.

Comment s'assurer ?

- On signe un contrat avec une société d'assurance automobile. Il faut payer une certaine somme d'argent (la cotisation ou la prime) chaque mois, tous les trois mois, tous les six mois ou une fois par an.
- En échange, on reçoit trois documents :

–un imprimé (la police d'assurance). Il prouve que l'on a signé un contrat avec une société d'assurance. Il indique tous les détails de ce contrat ;
–une carte internationale d'assurance (feuille verte). Il faut toujours l'avoir sur soi quand on se déplace avec sa voiture ; elle doit impérativement être signée pour être valable ;
–une petite vignette verte que l'on collera sur son pare-brise. Elle prouve que le véhicule est assuré.

ATTESTATION D'ASSURANCE

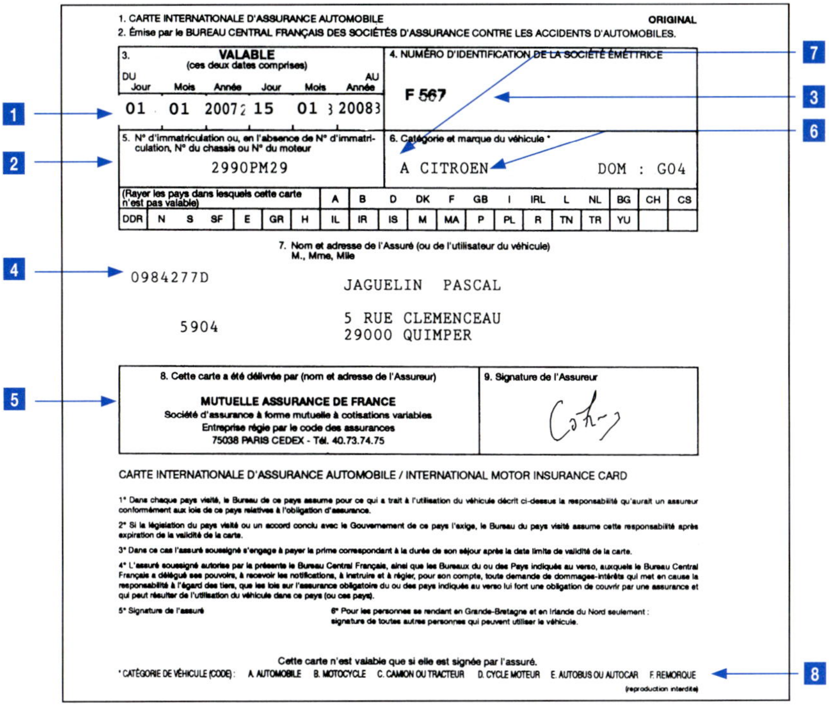

1. CARTE INTERNATIONALE D'ASSURANCE AUTOMOBILE — ORIGINAL
2. Émise par le BUREAU CENTRAL FRANÇAIS DES SOCIÉTÉS D'ASSURANCE CONTRE LES ACCIDENTS D'AUTOMOBILES.

3. VALABLE (ces deux dates comprises)

DU Jour	Mois	Année	AU Jour	Mois	Année
01	01	2007	15	01	2008

4. NUMÉRO D'IDENTIFICATION DE LA SOCIÉTÉ ÉMETTRICE: F 567

5. N° d'immatriculation ou, en l'absence de N° d'immatriculation, N° du chassis ou N° du moteur: 2990PM29

6. Catégorie et marque du véhicule *: A CITROEN — DOM : G04

(Rayer les pays dans lesquels cette carte n'est pas valable)

A	B	D	DK	F	GB	I	IRL	L	NL	BG	CH	CS
DDR	N	S	SF	E	GR	H	IL	IR	IS	M	MA	P
PL	R	TN	TR	YU								

7. Nom et adresse de l'Assuré (ou de l'utilisateur du véhicule) M., Mme, Mlle

0984277D

JAGUELIN PASCAL

5904

5 RUE CLEMENCEAU
29000 QUIMPER

8. Cette carte a été délivrée par (nom et adresse de l'Assureur)

MUTUELLE ASSURANCE DE FRANCE
Société d'assurance à forme mutuelle à cotisations variables
Entreprise régie par le code des assurances
75038 PARIS CEDEX - Tél. 40.73.74.75

9. Signature de l'Assureur

CARTE INTERNATIONALE D'ASSURANCE AUTOMOBILE / INTERNATIONAL MOTOR INSURANCE CARD

1° Dans chaque pays visité, le Bureau de ce pays assume pour ce qui a trait à l'utilisation du véhicule décrit ci-dessus la responsabilité qu'aurait un assureur conformément aux lois de ce pays relatives à l'obligation d'assurance.

2° Si la législation du pays visité ou un accord conclu avec le Gouvernement de ce pays l'exige, le Bureau du pays visité assume cette responsabilité après expiration de la validité de la carte.

3° Dans ce cas l'assuré soussigné s'engage à payer la prime correspondant à la durée de son séjour après la date limite de validité de la carte.

4° L'assuré soussigné autorise par la présente le Bureau Central Français, ainsi que les Bureaux du ou des Pays indiqués au verso, auxquels le Bureau Central Français a délégué ses pouvoirs, à recevoir les notifications, à instruire et à régler, pour son compte, toute demande de dommages-intérêts qui met en cause la responsabilité à l'égard des tiers, que les lois sur l'assurance obligatoire du ou des pays indiqués au verso lui font une obligation de couvrir par une assurance et qui peut résulter de l'utilisation du véhicule dans ce pays (ou ces pays).

5° Signature de l'assuré

6° Pour les personnes se rendant en Grande-Bretagne et en Irlande du Nord seulement : signature de toutes autres personnes qui peuvent utiliser le véhicule.

Cette carte n'est valable que si elle est signée par l'assuré.

* CATÉGORIE DE VÉHICULE (CODE) : A. AUTOMOBILE B. MOTOCYCLE C. CAMION OU TRACTEUR D. CYCLE MOTEUR E. AUTOBUS OU AUTOCAR F. REMORQUE

(reproduction interdite)

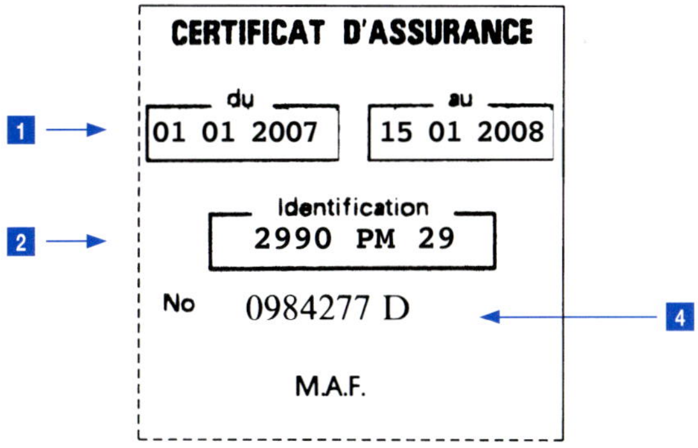

CERTIFICAT D'ASSURANCE

du 01 01 2007 au 15 01 2008

Identification 2990 PM 29

No 0984277 D

M.A.F.

1 Le véhicule est assuré pendant la période comprise entre les deux dates inscrites.

2 Numéro se trouvant sur la plaque d'immatriculation du véhicule.

3 Numéro de la société d'assurance.

4 Numéro de l'assuré (personne qui a signé le contrat d'assurance) ou de la police d'assurance.

5 Nom et adresse de la société d'assurance avec laquelle l'assuré a signé le contrat.

6 Marque du véhicule.

7 Lettre qui indique la catégorie du véhicule.

8 Signification des différentes lettres que l'on peut trouver dans la case « catégorie du véhicule ».

Le constat d'accident

Le constat amiable automobile comporte deux feuillets (un pour chaque assurance). Le constat est indispensable en cas d'accident. Il faut veiller à ce qu'il soit rempli avec soin pour permettre aux assureurs d'établir les responsabilités entre les deux véhicules impliqués et d'indemniser les conducteurs.

Comment utiliser le constat amiable d'accident automobile ?

- Le constat d'accident est fourni gratuitement par les assureurs automobiles. Il faut toujours laisser au moins un constat d'accident dans son véhicule.
- En cas d'accident, il faut en remplir aussitôt le recto avec le conducteur de l'autre véhicule.
- Chez soi, on termine de remplir le constat en complétant le verso. Surtout, il ne faut en aucun cas modifier le recto de la feuille qui a été signé par les deux conducteurs. Il faut envoyer aussitôt le constat à sa compagnie d'assurance automobile.

Comment remplir le constat amiable d'accident automobile ?

- Examiner chaque véhicule et noter tout ce qui paraît abîmé à l'endroit du choc.
- Utiliser un stylo à bille en appuyant assez pour que le double soit également bien lisible.
- Remplir la colonne A ou B, conserver l'original ou le duplicata (le double), cela n'a aucune importance.
- En cas « d'accident en chaîne », remplir deux constats :
  –un avec le conducteur du véhicule qui était devant vous ;
  –un avec le conducteur du véhicule qui était derrière vous ;
  et porter la mention « accident en chaîne du … survenu à … »
- Les circonstances précisées par les croix doivent bien être en accord avec le croquis de l'accident. Le croquis doit être le plus précis possible.

À quels points faut-il être attentif ?

Lors d'un accident, on est souvent ému ; il faut donc porter toute son attention sur les points suivants :

- Tout ce qui concerne l'assuré, le véhicule et la société d'assurance est indiqué sur l'attestation d'assurance (feuille verte).
- Le conducteur doit utiliser son permis de conduire pour remplir certaines rubriques. Si le conducteur est aussi l'assuré, il faut noter en face de « Nom » la mention « assuré ».
- Chaque conducteur doit cocher les cases le concernant. Il faut remplir soigneusement la rubrique 9 (celle concernant le conducteur) car elle détermine les responsabilités (torts) de chacun dans l'accident.
- Il ne faut pas oublier d'indiquer le nombre de cases cochées par chaque conducteur.

CONSTAT AMIABLE D'ACCIDENT

constat amiable d'accident automobile

Ne constitue pas une reconnaissance de responsabilité, mais un relevé des identités et des faits, servant à l'accélération du règlement

à signer obligatoirement par les DEUX conducteurs

1 → **1. date** de l'accident : 14-10-2007 — heure : 9h15
2. lieu (pays, n° dépt, localité) : BOURGES (18)
3. blessé(s) même léger(s) : non ☒ oui ☐ *

4. dégâts matériels autres qu'aux véhicules A et B : non ☒ oui ☐ *
5. témoins noms, adresses et tél. (à souligner s'il s'agit d'un passager de A ou B) : Néant ← 2

véhicule A	**12. circonstances**	**véhicule B**
6. assuré souscripteur *(voir attest. d'assur.)*	Mettre une croix (x) dans chacune des cases utiles pour préciser le croquis.	**6. assuré** souscripteur *(voir attest. d'assur.)*
Nom (majusc.) : REVEL		Nom (majusc.) : GRUEZ
Prénom : FRANCK		Prénom : ALBERT
Adresse *(rue et n°)* : 61, rue des Jardins		Adresse *(rue et n°)* : 66, rue JEAN JAURES
Localité *(et c. postal)* : BOURGES (18000)		Localité *(et c. postal)* : SANCERRE (18300)
N° tél. *(de 9 h. à 17 h.)* : 02.48.50.77.91		N° tél. *(de 9 h. à 17 h.)* :
L'Assuré peut-il récupérer la T.V.A. afférente au véhicule ? non ☒ oui ☐		L'Assuré peut-il récupérer la T.V.A. afférente au véhicule ? non ☒ oui ☐

A		B
☐ 1	en stationnement	1 ☐
☐ 2	quittait un stationnement	2 ☐
☐ 3	prenait un stationnement	3 ☐
☐ 4	sortait d'un parking, d'un lieu privé, d'un chemin de terre	4 ☐
☐ 5	s'engageait dans un parking, un lieu privé, un chemin de terre	5 ☐
☐ 6	s'engageait sur une place à sens giratoire	6 ☐
☐ 7	roulait sur une place à sens giratoire	7 ☐
☐ 8	heurtait l'arrière de l'autre véhicule qui roulait dans le même sens et sur la même file	8 ☐
☐ 9	roulait dans le même sens et sur une file différente	9 ☐
☐ 10	changeait de file	10 ☐
☐ 11	doublait	11 ☐
☐ 12	virait à droite	12 ☐
☐ 13	virait à gauche	13 ☐
☐ 14	reculait	14 ☐
☐ 15	empiétait sur la partie de chaussée réservée à la circulation en sens inverse	15 ☐
☐ 16	venait de droite (dans un carrefour)	16 ☒
☐ 17	n'avait pas observé un signal de priorité	17 ☒
0	← indiquer le nombre de cases marquées d'une croix →	2

véhicule A	véhicule B
7. véhicule	**7. véhicule**
Marque, type : CITROEN C3	Marque, type : RENAULT Clio
N° d'immatr. (ou de moteur) :	N° d'immatr. (ou du moteur) :
8. sté d'assurance : AGF	**8. sté d'assurance** : UAP
N° de contrat : 16249 T 18	**N° de contrat** : 562714
Agence *(ou bureau ou courtier)* : BOURGES	Agence *(ou bureau ou courtier)* : BOURGES
N° de carte verte *(Pour les étrangers)* :	N° de carte verte *(Pour les étrangers)* :
Attestation d'ass. ou carte verte {valable jusqu'au 31-03-2008	Attestation d'ass. ou carte verte {valable jusqu'au 31-03-2008
Les dégâts matériels du véhicule sont-ils assurés ? non ☐ oui ☒	Les dégâts matériels du véhicule sont-ils assurés ? non ☐ oui ☒
9. conducteur *(voir permis de conduire)*	**9. conducteur** *(voir permis de conduire)*
Nom (majusc.) : Assuré	Nom (majusc.) : VARLET
Prénom :	Prénom : Michel
Adresse :	Adresse : 37, rue Carnot - VIERZON
Permis de conduire n° : 10425	Permis de conduire n° : 75624
catégorie (A, B, ...) : B délivré par La préfecture du Cher le 15-01-76	catégorie (A, B, ...) : B délivré par la préfecture du Lot le 03-11-80
permis valable du ... au ... *(Pour les catégories C, C1, D, E, F et les taxis)*	permis valable du ... au ... *(Pour les catégories C, C1, D, E, F et les taxis)*

3 → **10. Indiquer par une flèche (→) le point de choc initial** (véhicule A)

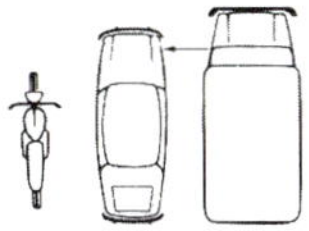

13. croquis de l'accident

Préciser : 1. le tracé des voies - 2. la direction (par des flèches) des véhicules A, B - 3. leur position au moment du choc - 4. les signaux routiers - 5. le nom des rues (ou routes).

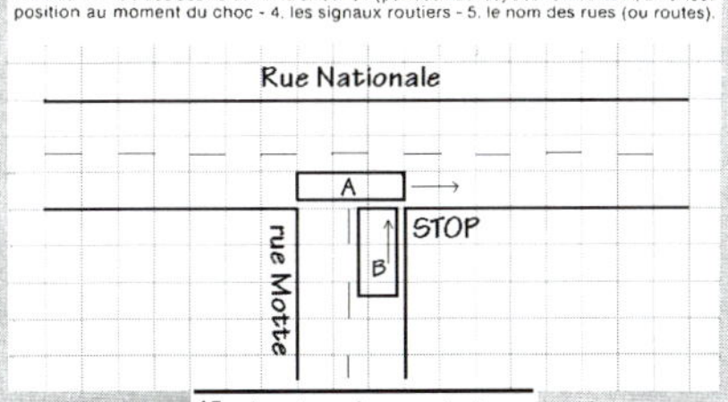

10. Indiquer par une flèche (→) le point de choc initial (véhicule B) ← 3

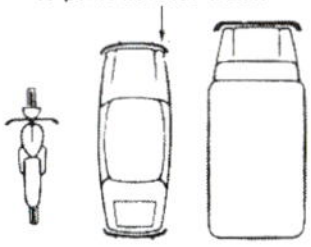

11. dégâts apparents (A) : Aile avant droit

11. dégâts apparents (B) : Pare-chocs et phare avant droit

4 → **14. observations** (A) : le véhicule B ne s'est pas arrêté au STOP

15. signature des conducteurs A : [signature] B : [signature]

14. observations (B) : Néant ← 4

* En cas de blessures ou en cas de dégâts matériels autres qu'aux véhicules A et B, relever les indications d'identité, d'adresse, etc.

Ne rien modifier au constat après les signatures et la séparation des exemplaires des 2 conducteurs.

Voir déclaration de l'Assuré au verso →

1 Date, heure et lieu où s'est produit l'accident.

2 Nom, prénoms, adresse exacte et téléphone des témoins s'il y a en a. Ils devront raconter par écrit comment s'est passé l'accident.

3 La flèche doit indiquer la partie du véhicule qui est venue heurter l'autre véhicule.

4 Les remarques sont à noter ici.

Les réductions SNCF

Avant d'entreprendre un voyage, il ne faut pas hésiter à se renseigner au guichet de la gare ou à se procurer « Le guide pratique du voyageur » mis gratuitement à la disposition des clients. Il est peut-être possible de profiter des possibilités de réduction offertes.

Quel jour et à quelle heure est-il préférable de partir ?

Il faut savoir que le prix d'un billet peut varier selon l'heure. Si cela est possible, il peut être intéressant de prendre un train moins fréquenté. Les prix varient en effet selon plusieurs niveaux de suppléments. Il faut plutôt choisir de voyager dans les TGV et les trains peu demandés dont le prix des places est plus attractif.

À quelles réductions a-t-on droit ?

Voici quelques exemples de cas où l'on peut prétendre à une réduction SNCF.

▬ La carte senior :
– est réservée aux plus de 60 ans et garantit 25% de réduction ;
– peut offrir jusqu'à 50% de réduction dans les TGV et les trains, dans la limite des places disponibles à ce tarif ;
– est valable un an.

▬ L'offre ID TGV : un billet ID TGV (qui ne peut s'acheter que sur Internet) permet de profiter de prix attractifs pour un voyage vers une ville du sud de la France. Réserver longtemps à l'avance et partir un jour de faible affluence permet d'obtenir le tarif le plus intéressant.

▬ TGV de nuit : ils circulent entre 0 h 30 et 5 h 30 selon certaines périodes de l'année en fonction des lignes. Le forfait aller simple permet de voyager à prix réduit (prix unique).

▬ Prem's et Dernière minute : le billet « offres de dernière minute » permet d'obtenir des tarifs très bas sur Internet mais à certaines conditions (trajet et départ).

▬ Le billet Découverte-séjour. Pour en bénéficier, il faut :
– envisager de parcourir une distance aller-retour d'au moins 200 km ;
– que le voyage comprenne une nuit du samedi au dimanche. Cela permet de bénéficier de 25% du prix du billet dans certains trains.

▬ Le billet de congé annuel. Pour en bénéficier, il faut :
– être salarié ou demandeur d'emploi, pensionné ou retraité, artisan ou exploitant agricole… ;
– parcourir au moins 200 km aller et retour en train ;
– se présenter aux points de vente avec un formulaire attestant sa situation.

DEMANDE DE BILLET DE CONGÉ ANNUEL

1 →

Demande de billet annuel à remplir par le voyageur

(A remettre au moins 24 heures à l'avance)

■ **Date de départ * :**
le 10 - 03 - 2007

■ **Vos nom et prénom :**
nom : DANJOU prénom : René
adresse : 56 rue de la Cathédrale
02000 LAON

2 → ■ **Membres de la famille à inscrire sur le billet :**

nom et prénom :	âge :
DANJOU Catherine	38 ans
DANJOU Serge	12 ans
DANJOU Emilie	09 ans
	ans

■ **Donner les gares de départ et d'arrivée** *(à dégrouper en tenant compte des arrêts en cours de route) :*

3 →

Trajet aller	Gare de départ	Gare d'arrivée	Via	Classe (1 ou 2)
	LAON	BORDEAUX	PARIS	2

Trajet retour	Gare de départ	Gare d'arrivée	Via	Classe (1 ou 2)
	BORDEAUX	LAON	PARIS	2

Je certifie sur l'honneur que la réduction du billet annuel n'est utilisée qu'une fois cette année par les membres de ma famille désignés ci-dessus ainsi que l'exactitude des renseignements concernant l'état civil et le domicile.

A LAON,
le 01 - 03 - 2007 *(Indiquer la date de dépôt)*

Signature :
(précédée de la mention "lu et approuvé")

"Lu et approuvé"

René Danjou

** Pour les salariés, la date de départ doit être comprise soit dans la période de congés payés mentionnée par l'employeur, soit dans les deux mois précédant le 2e jour de cette période.*

Les personnes résidant hors de France peuvent adresser leur demande de billet à l'avance par lettre ou la déposer directement, après leur arrivée en France, à une gare de leur choix. Dans les deux cas le billet leur sera délivré sur justifications et contre paiement sur place.

1 Le billet de congé annuel SNCF permet de bénéficier une fois par an de 25 % de réduction pouvant aller jusqu'à 50 % si la moitié du billet est réglée avec des chèques vacances et sous certaines conditions.

2 Le (la) conjoint(e), les enfants de moins de 21 ans, les parents (si le bénéficiaire est célibataire) peuvent en bénéficier s'ils habitent sous le même toit et font le même trajet que le bénéficiaire.

3 Le voyage aller et retour doit faire au moins 200 kilomètres.

L'étiquette d'un produit alimentaire

L'étiquette d'un produit alimentaire fournit des renseignements sur la nature, la provenance, la durée de vie et la qualité du produit. La lire minutieusement permet de comparer les caractéristiques de produits identiques.

La présentation d'une étiquette

L'étiquette et sa présentation doivent être loyales et ne pas induire en erreur sur :
- la composition du produit ;
- l'origine du produit ;
- la durée de vie du produit ;
- la quantité de produit.

L'étiquette doit être rédigée en français même si d'autres langues peuvent être utilisées. L'information doit être visible au moment de l'achat.

Que signifie le code-barres ?

Le code-barres est un système d'identification du produit.
Les barres verticales servent à la lecture optique. Sous ces barres figurent en général 13 chiffres :
- les 2 premiers indiquent le pays où le produit a été codifié (30 à 37 pour la France) ;
- les 5 suivants désignent le code du fabricant ou du distributeur ;
- puis viennent 5 autres chiffres pour identifier le produit ;
- le dernier est une clé de contrôle.

Le prix

La mention du prix est obligatoire. Elle est indiquée sur le produit ou sur le rayon. Elle doit figurer en clair sur le ticket de caisse. Le prix coûtant est le prix minimal autorisé. L'annonce d'une vente « prix coûtant » permet d'attirer les clients dans un magasin. Vendre moins cher que le prix coûtant, c'est vendre à perte et c'est interdit.

Quelles sont les caractéristiques de l'étiquette dans un rayon ?

Une étiquette précise :
- la marque ;
- la présentation ;
- le nombre de paquets s'il y en a plusieurs ;
- le code-barres ;
- le prix au kilo ;
- le prix du produit.

PRÉSENTATION D'UN EMBALLAGE

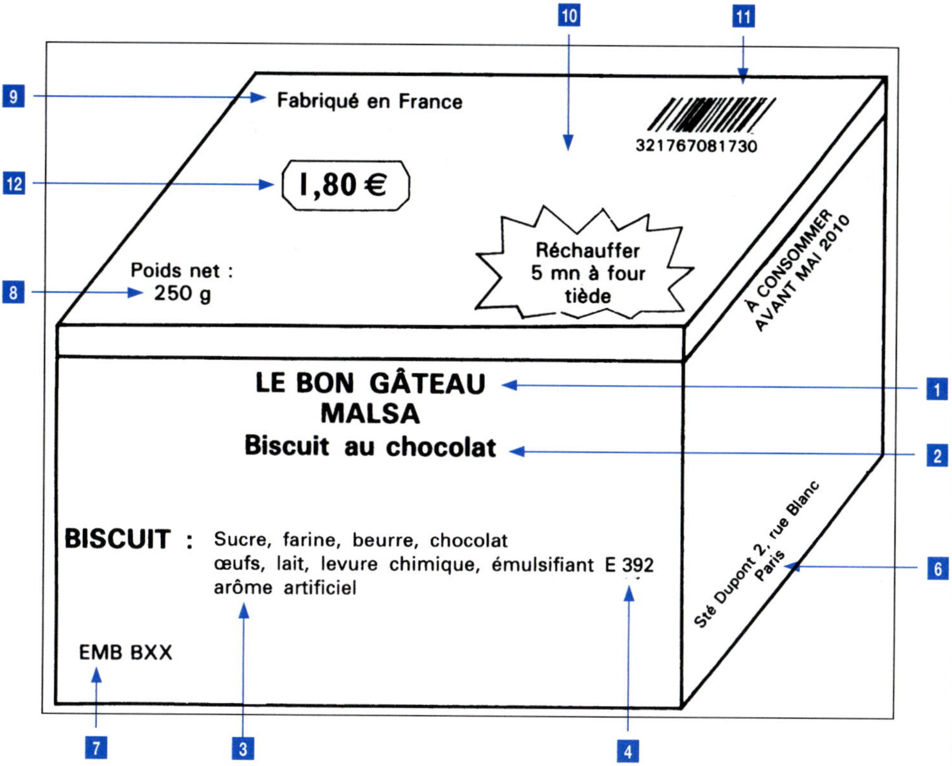

1 **Marque commerciale :** elle n'est pas obligatoire.

2 **Dénomination :** elle doit renseigner sur la nature de l'aliment. Elle est obligatoire.

3 **Composition :** elle donne la liste des ingrédients, qui figurent par ordre décroissant d'importance. Elle est obligatoire.

4 **Additifs :** soit leur nom, soit leur code. Ils doivent figurer obligatoirement.

5 **Date de consommation :** elle est obligatoire. Elle indique la durée de vie des produits.

6 **Distributeur ou producteur :** le nom et l'adresse sont obligatoires.

7 **Numéro de lot de fabrication :** il permet de retrouver un lot s'il est défectueux.

8 **Quantité nette** (poids ou volume) **:** elle est obligatoire.

9 **Pays d'origine :** il n'est obligatoire que s'il peut y avoir confusion sur la provenance.

10 **Mode d'emploi :** il est indispensable pour une bonne utilisation du produit.

11 **Code-barres :** il n'est pas obligatoire. Il favorise la gestion des stocks et simplifie les opérations aux caisses.

12 **Prix :** il est obligatoire dans le rayon.

La garantie

La garantie est une obligation légale qui impose au vendeur de livrer à l'acheteur un produit sans vices cachés. En cas de problème, pour faire jouer la garantie, il faut prouver la date de son achat et donc conserver les factures, les tickets de caisse ou les bons de garantie.

Qu'est-ce que la garantie légale ?

- La garantie légale de conformité du bien au contrat a pour but de répondre aux défauts résultant de l'emballage, des instructions de montage, de l'installation. L'acheteur peut alors choisir entre la réparation et le remplacement du bien.
- La garantie légale des vices cachés couvre tous les frais entraînés par les vices cachés. Le défaut doit être antérieur à la vente et rendre les produits impropres à l'usage auquel ils sont destinés. Un remboursement partiel ou total peut être obtenu ou bien la résiliation du contrat.

Qu'est-ce qu'une garantie commerciale (ou contractuelle) ?

- La garantie commerciale peut être gratuite, offerte par le fabricant ou le vendeur. Sa durée est généralement d'un an, mais la concurrence a pour effet d'allonger cette durée. L'acheteur n'a pas à apporter la preuve d'un défaut caché en cas de panne. Les frais de main-d'œuvre, les frais de transport de certaines pièces ne sont pas toujours remboursés. L'immobilisation de l'appareil est rarement dédommagée.
- La garantie commerciale peut être payante. Elle peut s'appliquer à la fin de la garantie contractuelle gratuite et être proposée pour le gros électroménager. Elle peut aussi prendre la forme d'un contrat d'entretien par abonnement comme pour les chaudières ou les voitures.

Quels papiers conserver ?

Les factures, tickets de caisse sont à conserver durant la possession du bien (de l'objet acheté). Les bons de garantie sont à conserver durant la période de garantie.

Où s'adresser pour connaître ses droits ?

- Directions régionales et départementales de la concurrence, de la consommation et de la répression des fraudes.
- Organismes et associations de consommateurs (adresses à la préfecture).

À quels points faut-il être attentif lors d'une réclamation ?

Il faut prêter attention :
– à la cause de la réclamation. Deux possibilités existent :
  - l'acheteur peut être déçu par l'article (exemple : la couleur ne correspond pas vraiment à la couleur du produit photographié dans le catalogue),
  - l'article ne correspond pas à celui qu'il a commandé ;
– aux références de l'article : bien préciser cet article : dénomination commerciale, nombre, références... ;
– à l'identité de l'acheteur : son nom, son adresse, son numéro de téléphone sont indispensables pour la bonne marche de la procédure. La demande peut être faite en utilisant Internet ; il est alors nécessaire de donner son adresse électronique pour obtenir une réponse.

FORMULAIRE D'ÉCHANGE OU DE REMBOURSEMENT

Pour obtenir l'échange ou le remboursement d'un article, celui-ci doit être retourné dans les 7 jours à compter de la date de réception en parfait état dans son emballage d'origine, accompagné de tous ses accessoires (mode d'emploi, cordon, etc.).

DATE

NUMÉRO DE COMMANDE

MOTIF DE RETOUR

INDIQUEZ CI-DESSOUS LE(S) ARTICLE(S) QUE VOUS RETOURNEZ :

RÉDIGEZ VOTRE MESSAGE :
(Expliquez clairement l'objet de votre demande ; n'hésitez pas à donner un maximum d'informations.)

MODALITÉS DE REMBOURSEMENT :

– Vous avez payé par carte bancaire ? Votre commande vous sera remboursée directement sur votre compte.
– Vous avez payé par chèque ? Votre commande vous sera remboursée par virement bancaire. Joindre un RIB.

Attention : les frais de port d'envoi et de retour restent à votre charge.

EN NOUS RETOURNANT VOTRE COLIS, VOUS CERTIFIEZ AVOIR PRIS CONNAISSANCE DE CES CONDITIONS.

INDIQUEZ VOS COORDONNÉES POUR LA RÉPONSE :

Votre nom

Votre adresse

Votre e-mail

La facture

Quand on achète un produit ou que l'on règle de la main-d'œuvre, les commerçants ou les artisans doivent, à la demande du consommateur, établir une facture. Celle-ci est nécessaire pour faire jouer la garantie.

À quoi sert une facture ?

Une facture sert à indiquer la nature, la quantité, le prix de la marchandise que l'on vient d'acheter ou du travail que l'on a demandé.
Une facture indique la date de l'achat ou du travail fourni.

Comment payer une facture ?

Pour payer une facture, on peut :
– se rendre directement à l'entreprise avec la facture et payer en espèces ;
– envoyer un chèque au service comptabilité de l'entreprise (en rappelant le numéro ou la date de la facture, ou en joignant le petit coupon qu'il faut détacher de la facture) ;
– faire un virement sur le compte de l'entreprise si son numéro de compte (bancaire ou postal) est indiqué sur la facture.
On pourra noter ensuite sur la facture :
– la date à laquelle on a payé la facture ;
– le mode de paiement qu'on a utilisé.
Exemple : « Payé le 6 juin par chèque bancaire n° 672891. »

Que faut-il faire des factures après paiement ?

Il faut conserver les factures car on peut parfois les demander à l'acquéreur, pour prouver, par exemple :
– que la marchandise achetée est encore garantie ;
– que l'acquéreur possède bien cette marchandise, en cas de vol ou de destruction, etc.

Quelles abréviations la facture contient-elle ?

Une facture peut contenir plusieurs abréviations qu'il faut connaître.
– PUTTC signifie « prix unitaire toutes taxes comprises », c'est-à-dire le prix de chaque objet avec la taxe (avec TVA).
– Rem signifie « remise ». C'est le montant de la réduction que l'on a pu obtenir éventuellement.
– T indique le taux de la TVA.
– Total net HT signifie le montant total hors taxes, c'est-à-dire sans la TVA, de tous les travaux ou marchandises.
– TVA signifie « taxe sur la valeur ajoutée ». Ce pourcentage varie selon les objets achetés.
– TTC signifie « toutes taxes comprises ». On obtient ce montant en ajoutant le montant total hors taxes et le montant de la TVA.

EXEMPLE DE FACTURE

3

GARAGE MARTIN PAGE: 1	**1** → GARAGE MARTIN 12 rue de Tilleuls 03250 FERRIERES APE : 503B SIRET : RCS : 434738902 ENTREPRISE INDEPEND.	FACTURE N° 6636 **3** → LE 04-12-2006 N° OR 173350 J AI ETE INFORME PAR LE R.A.M.DU DIAGNOST IQUE REALISE PAR LE T.M.QUI S EST OCCUPE DE MON VEHICULE

Prénom : C: **2** → Nom : Adresse : Ville :	NS: MOIS/AN: Essence KM : 3
Vous avez été reçu par:	IMMA :

4 → QTE.

5 → 2 PNEUMATIQUE

CODE	DESIGNATION	QTE.	T	P.U TTC	Rem	Total TTC	TEC
	1 ENTRETIEN/VIDANGE					**139.90**	
74308	AR KDS 7 R	1.00	2	139.90		139.90	4
	2 PNEUMATIQUE					**254.28**	
1351	MONTAGE D UN PNEU	4.00	2	1.52		6.08	4
48931	PARTICIPATION RECYCLAGE PNE	4.00	2	0.15	00%	0.00	4
1353	EQUILIBRAGE D UNE ROUE	4.00	2	7.33		29.32	4
210373	VALVE S-TR 413	4.00	2	1.52		6.08	4
1001392	155/80X13 SP88 78Q	4.00	2	53.20		212.80	4

Taxes	Total Net HT	Total Taxes
2=19.60	329.58	64.60

Total Net HT	329.58
Total Taxes	64.60
Net à Payer TTC	394.18 EUR

CHQU S/P = 394.18 EUR

1 Nom et adresse de l'entreprise.

2 Nom et adresse du client.

3 Date à laquelle la facture a été établie.

4 La quantité indique, par exemple :
- le nombre d'objets achetés ;
- le nombre de litres, de m^3… de marchandises achetées ;
- le nombre d'heures de main-d'œuvre…

5 On indique ici le nom de la marchandises achetée ou du travail fourni.

Le chèque

Le chèque est un moyen de paiement pratique qui évite de régler des achats coûteux en argent liquide. Il permet d'effectuer des paiements à distance et de conserver une trace écrite d'un règlement. Si son utilisation est simple, certaines précautions s'imposent.

Qui peut faire des chèques ?

Toute personne qui a ouvert un compte dans une banque peut demander un chéquier (carnet de chèques).

À quoi sert un chèque ?

- Le chèque est un écrit qui permet à celui qui l'établit de payer quelque chose à quelqu'un. Sa banque retire alors de son compte la somme notée sur le chèque. Ensuite, elle verse cette somme sur le compte de celui à qui le chèque a été fait (bénéficiaire).
- Le chèque peut aussi servir à retirer de l'argent liquide quand on change de région. On fait alors le chèque à l'ordre de soi-même ou de la banque.
- Les formules de chèque ne peuvent servir à effectuer un virement sur un autre compte. Pour réaliser cette opération, il faut utiliser l'ordre de virement qui se trouve à la fin du chéquier.

Quelles sont les précautions à prendre ?

- Avoir assez d'argent sur son compte : il faut penser aux opérations qui n'ont pas encore été débitées : chèques non retirés, paiements par carte, prélèvements non effectués.
- Ne faire ni ratures ni surcharges ; détruire alors le chèque et en faire un autre.
- Ne pas laisser de blanc devant les sommes ni derrière (tirer un trait après la somme).
- Mettre un trait derrière le nom.
- Mettre le chéquier en lieu sûr.
- Noter toujours le nom du bénéficiaire, surtout si le chèque doit être envoyé par La Poste.
- Ne signer aucun chèque à l'avance.
- Remplir le talon du chèque. Cela permet de faire régulièrement ses comptes et de connaître la somme qui reste disponible.
- Utiliser de préférence un stylo à bille ou une encre qui ne s'efface pas.
- Relire attentivement le chèque avant de le signer s'il est rempli automatiquement par une caisse électronique.

Le chèque sans provision

Il est interdit de faire des chèques sans provision. Néanmoins, si un chèque est rejeté par manque de provision, il est interdit à son propriétaire d'émettre d'autres chèques ou d'utiliser sa carte bancaire, sur tous ses comptes, dans toutes les banques. De plus, son banquier lui demandera de restituer tous ses carnets de chèques et il sera « interdit bancaire », c'est-à-dire que son numéro de compte sera inscrit sur le fichier de la Banque de France.

EXEMPLES DE CHÈQUE ET D'ORDRE DE VIREMENT

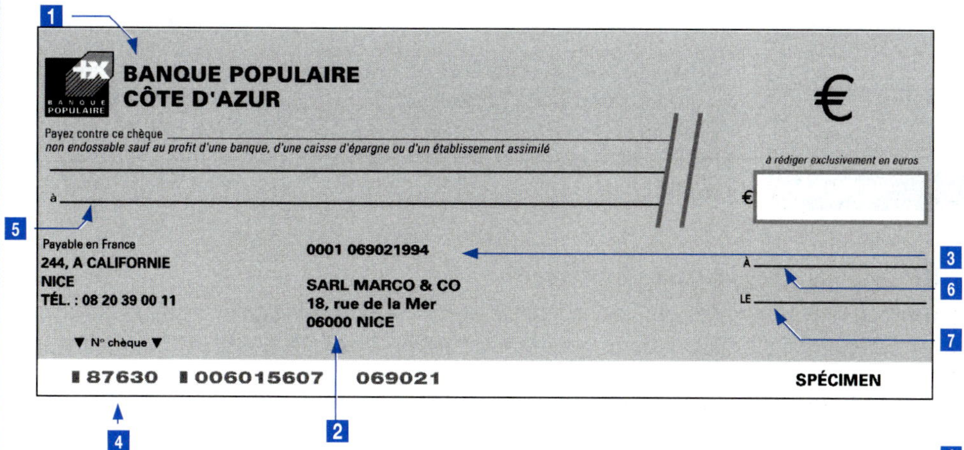

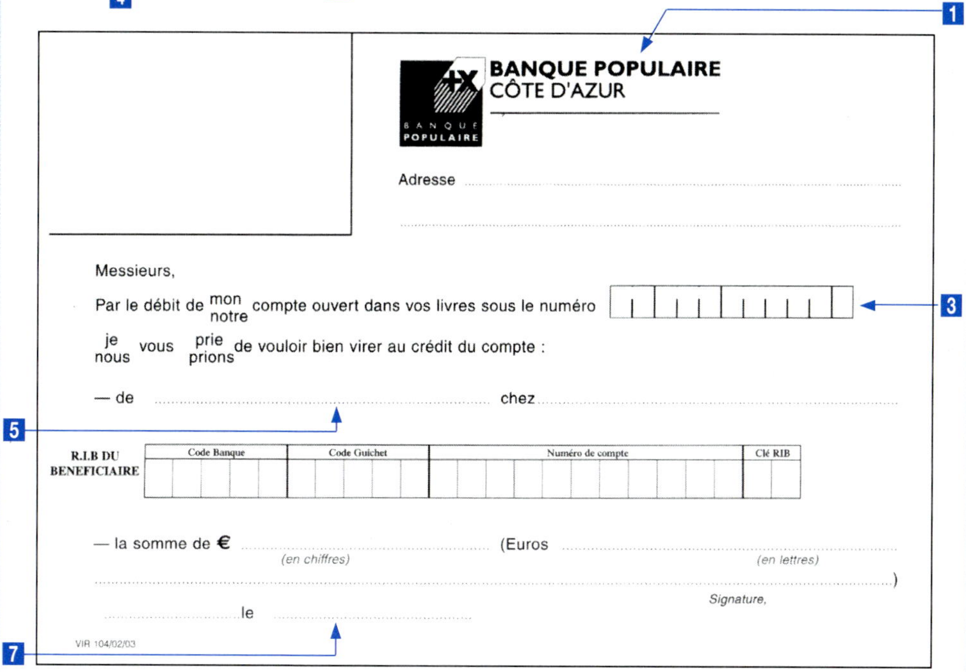

1 Nom du tiré, c'est-à-dire de la banque.

2 Nom et adresse du tireur, c'est-à-dire de la (ou des) personne(s) qui possède(nt) le compte bancaire.

3 Numéro du compte du tireur.

4 Numéro du chèque.

5 Nom du bénéficiaire, c'est-à-dire de la personne qui reçoit le chèque.

6 Nom de la ville dans laquelle le chèque a été fait.

7 Date à laquelle le chèque a été fait.

La carte bancaire

Le développement de l'informatique facilite le paiement rapide à l'aide d'une carte bancaire. Elle est très prati-que: ses utilisations sont nombreuses et ne cessent de s'accroître. Comme pour le chèque, certaines précautions doivent absolument être respectées.

À quoi sert la carte bancaire ?

- Les cartes de retrait permettent uniquement de retirer de l'argent dans les distributeurs automatiques de billets. Certaines cartes ne fonctionnent que dans les points de retrait du réseau de la banque du propriétaire de la carte; d'autres sont interbancaires.

Il est aussi possible, grâce à elles, de consulter l'état de son compte, de déposer de l'argent en espèces, de virer ou de commander des chéquiers.

Ces cartes sont gratuites ou payantes.

- Les cartes de paiement permettent, en plus du retrait d'argent, de payer ses achats auprès des commerçants.

Quels sont les différents types de cartes bancaires ?

- Pour certaines cartes, le montant du paiement est retiré du compte aussitôt après l'achat.

D'autres cartes permettent d'obtenir un délai de paiement.

- Il existe des cartes nationales (de retrait de paiement) mais aussi des cartes internationales et des cartes haut de gamme, qui procurent des services de qualité et/ou en quantité supérieures (exemples: assurance décès, indemnisation de vol de bagages, indemnisation des retards d'avion...).

Comment utiliser la carte bancaire ?

- Pour retirer de l'argent dans les distributeurs automatiques de billets, il faut:

– introduire la carte dans l'appareil;
– puis taper un code confidentiel.

- Pour payer un commerçant, il faut:

– taper son code confidentiel;
– ou signer une facturette dans certains pays étrangers lorsque l'on est en déplacement.

Remarque: il faut conserver les facturettes délivrées par les commerçants et les tickets des distributeurs de billets pour pouvoir faire ses comptes régulièrement.

- Ne pas oublier de récupérer sa carte après chaque utilisation.

Il faut noter à part son numéro de carte; il sera demandé en cas de perte ou de vol. En ce qui concerne le code confidentiel, il faut l'apprendre par cœur et ne le communiquer à personne.

Dès réception, il faut signer la carte à l'endroit prévu. Sans la signature du propriétaire de la carte, une autre personne pourrait, en cas de vol, la signer et l'utiliser. C'est le propriétaire qui est déclaré responsable dans ce cas.

Éviter les rayures ou pliures au niveau des pistes magnétiques et garder la carte propre. Ne pas la mettre en contact avec des objets métalliques (clefs, pièces de monnaie...).

CARACTÉRISTIQUES DE LA CARTE BLEUE

Recto de la carte

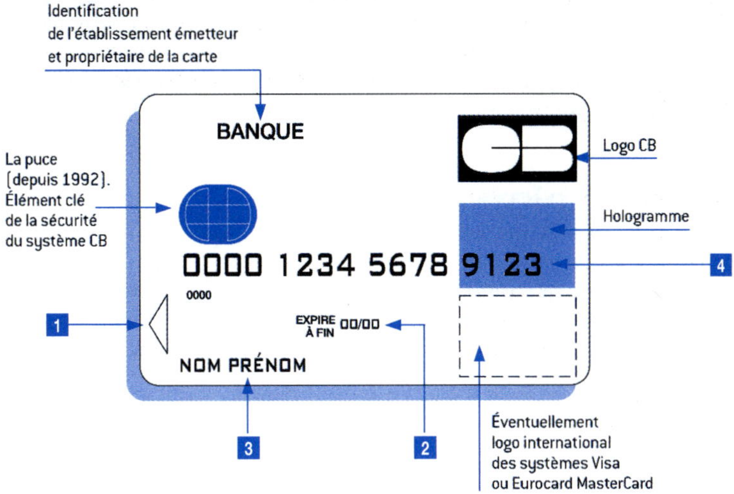

Verso de la carte

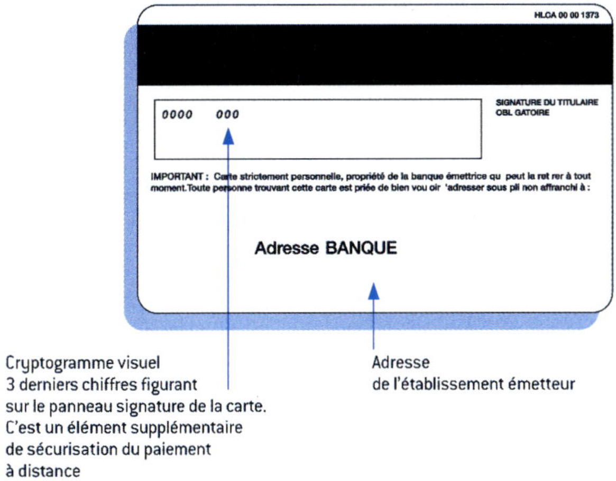

document cartes Bancaires

1 La carte doit être introduite dans le distributeur dans le sens de la flèche.

2 On peut utiliser la carte jusqu'à la date indiquée.

3 Nom du titulaire de la carte bancaire.

4 Il faut noter à part le numéro de carte car il sera demandé en cas de perte ou vol.

FAMILLE
TRAVAIL
ADMINISTRATION
LOGEMENT
TRANSPORT
VIE PRATIQUE

Le relevé de compte

Le relevé de compte bancaire est un document envoyé par la banque. Il indique le solde du compte et toutes les opérations effectuées sur le compte pendant une période donnée. Il faut comparer ce décompte avec le sien et signaler tout de suite les anomalies relevées.

Qui reçoit des relevés de compte ?

Toutes les personnes qui ont un compte à la banque, à La Poste ou à la Caisse d'épargne reçoivent des relevés de compte.
Il faut lire ces relevés de compte à chaque fois que l'on en reçoit un et vérifier si le montant des différentes opérations est exact.

De plus, chaque banque fournit à ses clients un numéro confidentiel qui donne accès à son compte personnel en se rendant sur le site Internet de sa banque et en s'identifiant. On peut désormais suivre en temps réel l'état de ses dépenses.

Quand reçoit-on les relevés de compte ?

Les titulaires d'un compte reçoivent les relevés de compte régulièrement. La fréquence d'envoi peut varier selon la demande du client et selon les banques : tous les jours, toutes les semaines, tous les dix jours, deux fois par mois, une fois par mois...
Remarque : selon le rythme d'envoi, ce service peut être payant.

Quelles sont les opérations notées sur le relevé de compte ?

Sur le relevé de compte sont notés :
– les chèques qui ont été faits ;
– les virements, c'est-à-dire les sommes qui ont été transférées d'un compte à un autre ;
– les versements, c'est-à-dire les sommes qui ont été versées sur le compte en argent liquide (billets) ;
– les avis de prélèvement quand on a autorisé un organisme (EDF-GDF, France Télécom, Trésor public...) à retirer de son compte les sommes qu'on lui doit ;
– les retraits, c'est-à-dire quand on retire de l'argent liquide ;
– les remises de chèques si quelqu'un a fait un chèque au titulaire du compte et qu'il l'a déposé sur son compte ;
– les échéances de prêt ;
– les sommes qui ont été réglées par carte bancaire.

La date de valeur est la date à laquelle l'opération sera comptabilisée (retirée ou ajoutée) sur le compte.
Pour la plupart des opérations, il y a un décalage entre la date de l'opération et la date de valeur :
– les rentrées d'argent sont parfois retardées de 1 à 7 jours : paiement de chèques, virement de salaire, versements... ;
– les sorties d'argent sont parfois avancées de 1 ou 2 jours : paiement de chèques, avis de prélèvement, retrait d'argent liquide...

RUBRIQUES D'UN RELEVÉ DE COMPTE

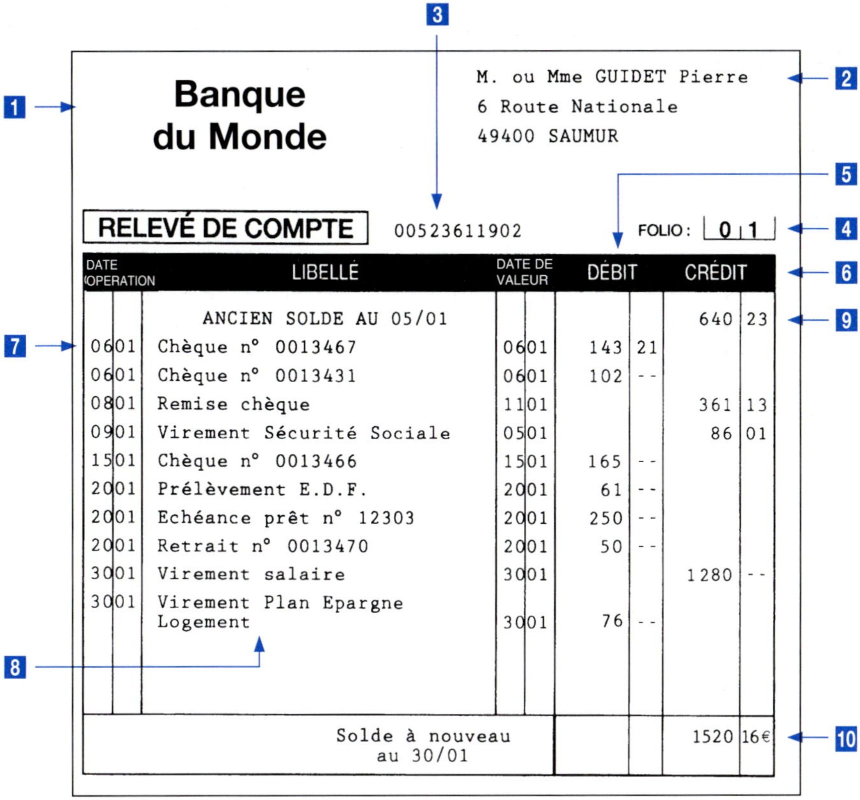

Banque du Monde

M. ou Mme GUIDET Pierre
6 Route Nationale
49400 SAUMUR

RELEVÉ DE COMPTE 00523611902 FOLIO : 0 1

DATE OPÉRATION	LIBELLÉ	DATE DE VALEUR	DÉBIT	CRÉDIT
	ANCIEN SOLDE AU 05/01			640 23
06 01	Chèque n° 0013467	06 01	143 21	
06 01	Chèque n° 0013431	06 01	102 --	
08 01	Remise chèque	11 01		361 13
09 01	Virement Sécurité Sociale	05 01		86 01
15 01	Chèque n° 0013466	15 01	165 --	
20 01	Prélèvement E.D.F.	20 01	61 --	
20 01	Echéance prêt n° 12303	20 01	250 --	
20 01	Retrait n° 0013470	20 01	50 --	
30 01	Virement salaire	30 01		1280 --
30 01	Virement Plan Epargne Logement	30 01	76 --	
	Solde à nouveau au 30/01			1520 16€

1 Nom de la banque qui envoie le relevé de compte.
2 Nom et adresse du (des) titulaire(s) du compte.
3 Numéro du compte.
4 Numéro de la feuille.
5 Dans la colonne « Débit », on note toutes les sommes qui ont été enlevées du compte.
6 Dans la colonne « Crédit », on note toutes les sommes qui ont été versées sur le compte.
7 Date à laquelle l'opération a été faite.
8 Cette colonne indique toutes les opérations qui ont été faites sur le compte.
9 Cette ligne indique la somme qui manquait (colonne « Débit ») ou qu'il y avait (colonne « Crédit ») sur le compte à la date indiquée.
10 Cette ligne indique la somme qui manque (colonne « Débit ») ou qu'il y a (colonne « Crédit ») sur le compte à la date indiquée.

Le budget familial

Le budget familial établit le total des dépenses et des recettes du foyer. Il évite de dépenser plus qu'on ne reçoit et permet, le cas échéant, de faire des économies pour faire face à l'imprévu ou pour s'offrir quelques loisirs supplémentaires.

Quelle est l'utilité du budget familial ?

Il permet :
– d'équilibrer les recettes et les dépenses, c'est-à-dire de ne pas dépenser plus que la somme que l'on reçoit ;
– de prévoir des périodes difficiles ;
– d'épargner afin de payer des dépenses imprévues ou de grosses dépenses à prévoir pour plus tard.

Quand reçoit-on de l'argent ?

Certaines ressources ou recettes sont :
– mensuelles (elles sont versées chaque mois), comme le salaire, les allocations familiales, les indemnités de chômage... ;
– trimestrielles (elles sont versées tous les trois mois), comme certaines prestations familiales ;
– annuelles (elles sont versées une fois par an), comme les intérêts du livret A de la Caisse d'épargne ou le treizième mois.

Quand dépense-t-on de l'argent ?

Les dépenses peuvent avoir lieu :
– quotidiennement, comme pour la nourriture ;
– mensuellement, comme par exemple les impôts sur le revenu, l'assurance automobile, le gaz et l'électricité (si on en fait la demande)... ;
– annuellement, comme par exemple la redevance télé, la taxe d'habitation, les impôts fonciers, l'assurance incendie... ;
– périodiquement, comme les travaux dans la maison, les vacances, l'achat d'appareils ménagers, de vêtements ou d'une voiture...

Lexique

Ressources : ensemble de toutes les sommes que reçoit la famille.
Dépenses : ensemble de toutes les sommes que paie la famille.
Ressources mensuelles : ensemble de toutes les sommes que reçoit la famille chaque mois.
Dépenses mensuelles : ensemble de toutes les sommes que dépense la famille chaque mois.
Capacité d'épargne : on la calcule en une année en faisant la différence entre le total des ressources et le total des dépenses.

EXEMPLE DE FICHE BUDGET

RESSOURCES	DÉPENSES
Additionnez vos ressources mensuelles régulières	Additionnez vos dépenses mensuelles courantes
Salaire net monsieur .... Salaire net madame .... Salaire net enfants.......... Prestations sociales (allocations familiales, allocation logement, allocation salaire unique)..........	*Dépenses de tous les jours* 1 alimentation.......... 2 hygiène.......... 3 transport, essence.......... 4 journaux, tabac.......... 5 médecin, pharmacien (après remboursement Sécurité Sociale).......... 6 entretien, réparations.......... 7 aide-ménagère.......... 8 loisirs.......... 9 mini budget enfants.......... 10 petites dépenses vestimentaires.......... 11 .... 12 .... *Autres dépenses mensuelles* 13 loyer et charges.......... 14 EDF, gaz, téléphone.......... 15 traites.......... 16 frais scolarité.......... 17 .... 18 ....
total ressources mensuelles →	total dépenses mensuelles →
1 total annuel (1) →	total annuel (3) → 5
2 Treizième mois.......... Primes.......... Autres revenus..........	6 19 impôts, taxes, redevances.......... 20 primes assurances.......... 21 abonnements divers.......... 22 remboursement d'emprunt (autres que ligne 15).......... 23 rentrée scolaire.......... 24 vacances.......... 25 vêtements (autres que ligne 10).......... 26 équipement, logement, bricolage.......... 27 cadeaux, étrennes.......... 28 provision gros risque ou fantaisie.......... 29 .... 30 ....
3 total annuel (2) →	total annuel (4) → 7
4 total des recettes (1 + 2) →	total des dépenses (3 + 4) → 8

capacité annuelle d'épargne et de remboursement [ ] − [ ] = [ ] divisé par (12)

CAPACITÉ MENSUELLE D'ÉPARGNE OU DE REMBOURSEMENT [ ]

1 Ce total est obtenu en multipliant le total des ressources mensuelles par 12.

2 Sommes exceptionnelles qui viennent s'ajouter au total annuel.

3 Total annuel des recettes exceptionnelles.

4 Ensemble de toutes les sommes reçues par la famille en une année.

5 Ce total est obtenu en multipliant par 12 le total des dépenses mensuelles.

6 Sommes exceptionnelles qui viennent s'ajouter au total annuel.

7 Total annuel des dépenses exceptionnelles.

8 Ensemble de toutes les dépenses de la famille en une année.

Le crédit à la consommation

Le crédit à la consommation permet d'acquérir tout de suite des biens sans avoir à économiser pendant plusieurs années pour les obtenir. Si le crédit est pratique, il n'est pas gratuit et il faut estimer ses possibilités de remboursement quand on effectue un emprunt.

Comment peut-on emprunter ?

Le montant du prêt doit correspondre aux capacités de remboursement de l'emprunteur. Il faut toujours prévoir une réserve pour les imprévus : maladie, véhicule endommagé ou à changer...

Pour les banques et organismes financiers, l'endettement ne doit pas être supérieur à 30 % des revenus (après déduction des autres charges en cours). Il est néanmoins conseillé de ne pas dépasser 25 % de ses revenus car, au-delà, les charges du budget deviennent trop importantes pour faire face aux autres dépenses.

Un crédit trop important ou l'accumulation de nombreuses formules de crédits (pour acheter une voiture, financer un logement, payer ses courses à l'aide de cartes…) peut conduire à un surendettement.

Comment la loi protège-t-elle les consommateurs ?

Dans tous les cas, une offre préalable de crédit doit être remise. C'est un document qui indique :
- le nom et l'adresse de l'établissement de crédit ;
- le nom et l'adresse de l'emprunteur ;
- le montant de la somme empruntée ;
- la durée du crédit ;
- le nombre et le montant exacts des mensualités ;
- le coût total du crédit ;
- le taux annuel effectif global (TAEG) du crédit, qui inclut tous les divers prélèvements (frais de dossier, d'inscription, de garanties, commissions et rémunérations diverses, cotisations d'assurance...) ;
- le bien ou le service acheté et son prix au comptant (selon le type de prêt).

Cette offre préalable est valable 15 jours à compter de sa date de rédaction. Si l'emprunteur a signé l'offre et s'il change d'avis, il peut renoncer à sa demande de prêt en signant et en renvoyant par lettre recommandée avec avis de réception le bordereau de rétractation qui est joint au formulaire d'offre préalable de crédit. Il n'a qu'un délai de quelques jours (en principe, 7 jours) pour se dédire à compter de la date de la signature de l'offre. Dans ce cas, il n'a rien à payer.

EXEMPLE D'OFFRE DE PRÊT

1	Nature du prêt	**Prêt avec prime**
2	**Montant emprunté**	**2 000,00 €**
	Remboursable sur	**24 échéances**
	Votre mensualité (avec assurances facultatives) Premier prélèvement **1 mois** après la date de déblocage des fonds.	**92,82 €**
3	**Votre mensualité** (hors assurances facultatives)	**89,67 €**
	Taux effectif global annuel fixe (TEG)	**8,440 %**
4	Montant des frais de dossier	**20,00 €**
	Durée effective du prêt	**24 mois**
	Coût total du prêt hors assurances facultatives	**172,08 €**
	Coût total du prêt avec assurances facultatives (dont 75,6 € de primes d'assurances facultatives)	**247,68 €**

Exemple de crédit effectué le **mercredi 17 janvier 2007**.

1 Ce document est un exemple de simulation que l'on peut faire en utilisant Internet.

2 L'argent est disponible sous 48 heures, une fois le contrat devenu définitif, passé le délai de rétraction.

3 L'assurance rembourse tout ou partie du prêt dans le cas du décès ou d'une incapacité de travail de la personne qui a demandé le crédit ou de son conjoint (selon la formule choisie).

4 Les frais de dossier correspondent à 1 % du montant emprunté et sont plafonnés à 90 €.

Le téléphone

Téléphoner, à partir d'un poste fixe ou d'un appareil portable, est devenu un acte courant de la vie quotidienne. La facture permet de contrôler les communications passées. Si on constate que celle-ci révèle une durée de communication anormalement élevée, il convient de vérifier son matériel ou de modifier sa propre utilisation du téléphone portable. Il faut alors se rapprocher de son opérateur.

Qu'est-que la facturation détaillée ?

Sans supplément de prix, il est possible de demander un feuillet détaillé qui accompagne la facture et sur lequel sont notés :
- le jour de la communication ;
- l'heure à laquelle on a téléphoné ;
- la durée de la communication ;
- le numéro demandé ;
- le tarif appliqué et le prix de l'appel ;
- la destination de l'appel ;
- l'opérateur vers lequel l'appel a été dirigé.

Comment faire des économies ?

En téléphonant de préférence pendant certaines heures, on a une réduction sur le montant de la communication à l'intérieur du pays et dans les départements d'outre-mer. Ces périodes sont indiquées par l'opérateur.

Comment payer ses communications ?

Selon les opérateurs, on peut payer ses communications par prélèvement automatique, en utilisant le titre interbancaire de paiement (TIP) qui se trouve en bas de certaines factures, en utilisant le paiement dans un forfait groupé (par exemple, avec Internet, télévision, téléphone...) ou par Internet.

Quels services un opérateur peut-il proposer ?

Différents services peuvent être proposés, par exemple :
- le transfert d'appel (les appels sont transférés sur un numéro qu'aura choisi le propriétaire de la ligne fixe ou mobile) ;
- la conversation à trois (on peut discuter avec deux interlocuteurs en même temps) ;
- le signal d'appel (on est prévenu d'un autre appel et on peut le prendre quand on est déjà en ligne) ;
- la présentation du nom (on peut voir le nom, le prénom de celui qui appelle avant même de décrocher) ;
- la présentation du numéro (le numéro de la personne qui appelle s'affiche avant que l'on ne décroche) ;
- le Stop secret (on peut filtrer et identifier les appels masqués) ;
- le 118 712 (dans le cas de France Télécom, mais aussi le 118 218, ou le 118 000, etc., permettent d'obtenir un renseignement).

EXEMPLE DE FACTURE DE TÉLÉPHONE

france telecom

détail de votre facture

numéro : 0470456002 06G0- 2P04
date : 21/08/2007 ← 3

2

Abonnements, forfaits et options

	Prix unitaire mensuel € HT	Prix unitaire mensuel € TTC	Montant € HT	Information € TTC
6 → **Votre ligne du 16/08 au 15/10**				
1 Abonnement Principal 04.70.45.60.02 ← 2	12,54	15,00	25,08	30,00
10 → **Vos options téléphoniques du 16/08 au 15/10**				
1 Messagerie vocale			0,00	0,00
			26,28	**31,44**

4 → **Consommations**

			Montant € HT	Information € TTC
9 → **Communications du 16/06 au 15/08**				
> *Vos communications*				
locales	4h02mn48	41 appels	7,417	8,871
nationales	4h24mn09	15 appels	13,259	15,858
internationales	17mn59	1 appel	1,898	2,270
7 → services Audiotel	43mn48	16 appels	13,160	15,739
5 → vers n° Orange	4h25mn32	29 appels	25,192	30,130
8 → autres appels	3mn18	3 appels	0,435	0,520
			61,36	**73,39** ← 1

11 (← locales à autres appels)

1 En cas de non-paiement de la facture, France Télécom peut résilier le contrat ou suspendre tout ou partie de ses prestations. Le paiement de l'abonnement reste dû pendant la période de suspension des prestations.

2 Numéro de téléphone concerné.

3 Date de la facture.

4 Cette rubrique précise aussi d'autres destinations d'appels comme : vers Internet, services Minitel, autres services…

5 La communication se fait vers un portable.

6 L'abonnement est toujours payable d'avance (pour les deux mois à venir).

7 Appel passé vers des services d'information à tarification particulière.

8 Ceux-ci font l'objet d'une tarification particulière : N° Azur et Indigo…

9 La consommation concerne les deux mois qui viennent de s'écouler.

10 Messagerie gratuite proposée par France Télécom.

11 France Télécom détaille les communications par destinations et types d'appel.

L'annuaire téléphonique

L'annuaire téléphonique donne les adresses et les numéros d'appel des abonnés au téléphone, leur profession. Il adopte le classement alphabétique. Apprendre à le consulter efficacement permet de gagner du temps pour trouver rapidement son correspondant.

Comment figurer dans l'annuaire ?

La personne qui possède un téléphone fixe est inscrite gratuitement et automatiquement dans l'annuaire :
– d'une part, dans les pages blanches pour les particuliers et les professionnels ;
– d'autre part, dans les pages jaunes pour les professionnels seulement et s'ils le demandent.
Remarque : si un particulier ne veut pas être inscrit dans l'annuaire, il doit payer une certaine somme tous les mois. Il est alors sur « liste rouge ».

Qui reçoit l'annuaire téléphonique ?

Les personnes qui possèdent un téléphone fixe ont le droit d'avoir gratuitement un exemplaire de l'annuaire en papier (pages blanches et pages jaunes) de leur département.

Quand reçoit-on l'annuaire téléphonique ?

Chaque année, la personne qui possède un téléphone fixe reçoit un nouvel annuaire.
Remarque : tous les annuaires téléphoniques ne paraissent pas en même temps dans toute la France.

Comment consulter l'annuaire téléphonique en utilisant Internet ?

On peut consulter aussi l'annuaire téléphonique en utilisant le site Internet www.pagesjaunes.fr. Dès qu'on se trouve sur ce site, on peut cliquer sur une des rubriques proposées :
– pages jaunes ;
– pages blanches ;
– recherche à proximité ;
– qui donc ;
– ville en direct ;
– annoncesjaunes.fr ;
– sur mon mobile ;
– 118 008 ;
– recherche avec Voilà ;
– annuaire du monde.
Chaque rubrique permet d'effectuer alors la recherche désirée.

RENSEIGNEMENTS DE L'ANNUAIRE

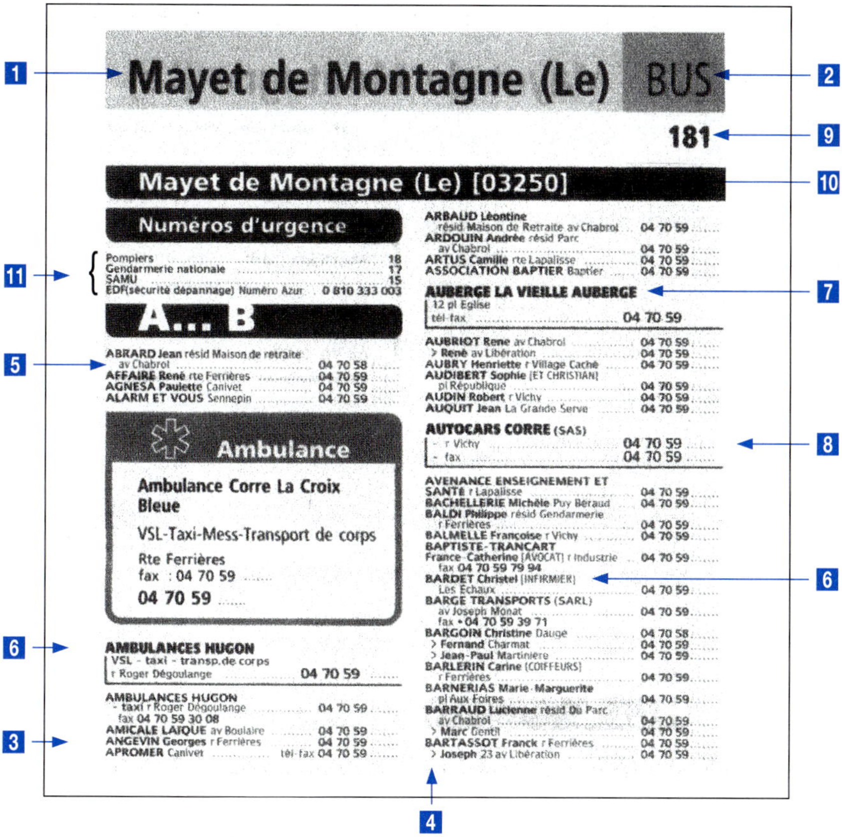

Mayet de Montagne (Le) BUS

181

Mayet de Montagne (Le) [03250]

Numéros d'urgence

Pompiers 18
Gendarmerie nationale 17
SAMU 15
EDF(sécurité dépannage) Numéro Azur 0 810 333 003

A... B

ABRARD Jean résid Maison de retraite av Chabrol .... 04 70 58 ....
AFFAIRE René rte Ferrières .... 04 70 59 ....
AGNESA Paulette Canivet .... 04 70 59 ....
ALARM ET VOUS Sennepin .... 04 70 59 ....

Ambulance

Ambulance Corre La Croix Bleue
VSL-Taxi-Mess-Transport de corps
Rte Ferrières
fax : 04 70 59 ....
04 70 59 ....

AMBULANCES HUGON
VSL - taxi - transp.de corps
r Roger Dégoulange .... **04 70 59** ....

AMBULANCES HUGON
- taxi r Roger Dégoulange .... 04 70 59 ....
fax 04 70 59 30 08
AMICALE LAIQUE av Boulaire .... 04 70 59 ....
ANGEVIN Georges r Ferrières .... 04 70 59 ....
APROMER Canivet .... tél-fax 04 70 59 ....
ARBAUD Léontine résid Maison de Retraite av Chabrol .... 04 70 59 ....
ARDOUIN Andrée résid Parc av Chabrol .... 04 70 59 ....
ARTUS Camille rte Lapalisse .... 04 70 59 ....
ASSOCIATION BAPTIER Baptier .... 04 70 59 ....

AUBERGE LA VIEILLE AUBERGE
12 pl Eglise
tél-fax **04 70 59**

AUBRIOT Rene av Chabrol .... 04 70 59 ....
> **René** av Libération .... 04 70 59 ....
AUBRY Henriette r Village Caché .... 04 70 59 ....
AUDIBERT Sophie [ET CHRISTIAN] pl République .... 04 70 59 ....
AUDIN Robert r Vichy .... 04 70 59 ....
AUQUIT Jean La Grande Serve .... 04 70 59 ....

AUTOCARS CORRE (SAS)
- r Vichy .... **04 70 59** ....
- fax .... **04 70 59** ....

AVENANCE ENSEIGNEMENT ET SANTÉ r Lapalisse .... 04 70 59 ....
BACHELLERIE Michèle Puy Béraud .... 04 70 59 ....
BALDI Philippe résid Gendarmerie r Ferrières .... 04 70 59 ....
BALMELLE Françoise r Vichy .... 04 70 59 ....
BAPTISTE-TRANCART France-Catherine [AVOCAT] r Industrie .... 04 70 59 ....
fax 04 70 59 79 94
BARDET Christel [INFIRMIER] Les Echaux .... 04 70 59 ....
BARGE TRANSPORTS (SARL) av Joseph Monat .... 04 70 59 ....
fax • 04 70 59 39 71
BARGOIN Christine Dauge .... 04 70 58 ....
> **Fernand** Charmat .... 04 70 59 ....
> **Jean-Paul** Martinière .... 04 70 59 ....
BARLERIN Carine [COIFFEURS] r Ferrières .... 04 70 59 ....
BARNERIAS Marie-Marguerite pl Aux Foires .... 04 70 59 ....
BARRAUD Lucienne résid Du Parc av Chabrol .... 04 70 59 ....
> **Marc** Gentil .... 04 70 59 ....
BARTASSOT Franck r Ferrières .... 04 70 59 ....
> **Joseph** 23 av Libération .... 04 70 59 ....

1 Nom de la localité (ville ou village).

2 Sur les pages au numéro pair, le premier nom commence par les trois lettres indiquées. Sur les pages au numéro impair, le dernier nom commence par les trois lettres indiquées.

3 Les noms sont classés par ordre alphabétique.

4 Si plusieurs personnes portent le même nom, il n'est pas répété mais remplacé par un petit signe.

5 Adresse de la personne ou de la société.

6 Profession de la personne, spécialité professionnelle de la société.

7 Les noms des professionnels sont souvent inscrits en lettres plus foncées et plus grandes que les noms des particuliers.

8 Numéro de téléphone de la personne ou de la société.

9 Numéro de la page de l'annuaire.

10 Le numéro de code postal de la localité est indiqué à côté du nom de celle-ci.

11 Les numéros d'urgence sont également notés en début de liste.

Les services de La Poste et de la Banque Postale

En plus de la distribution du courrier, La Poste propose de nombreux services pour faciliter la vie quotidienne. Elle offre bien sûr également les services et les produits d'un réseau bancaire.

Quels services offre un bureau de poste ?

- Affranchissement du courrier et des envois colis, vente de beaux timbres et d'enveloppes pré-affranchies (PAP), de cartes (vœux, anniversaire…), de cartes téléphoniques.
- Tout service proposé par une banque (gestion des comptes, épargne, placement, prêt immobilier, gamme de produits de retraite, assurances…).
- Des services à la personne (Genius) depuis le 15 janvier 2007. On peut se procurer le CESU (chèque emploi service universel) auprès de la Banque Postale.

Comment assurer le suivi de son courrier ?

Les demandes que l'on fait ne doivent pas impliquer des services contradictoires (exemple : garde du courrier en même temps que réexpédition temporaire).

- La garde du courrier : c'est le fait de faire garder son courrier par La Poste et de pouvoir le retrouver en parfait état quand on s'absente pour une courte durée (1 jour à 2 mois). Inutile de signaler son absence par une boîte aux lettres qui déborde.
- La réexpédition temporaire nationale ou internationale : ce service permet de recevoir son courrier quand on est en vacances ou en déplacement. Le coût du service varie selon sa durée (de 15 jours à 2 mois).
- La poste restante : c'est le fait, quand on est « mobile », de se faire adresser son courrier au bureau de poste de son choix.
- La réexpédition définitive : ce service permet de faire suivre son courrier à sa nouvelle adresse quand on déménage. La Poste a conçu à ce propos « Le pack Ma Nouvelle Adresse », intégrant des cartes préaffranchies de changement d'adresse, des « Prêt-à-Poster », un guide du déménagement et un chéquier d'offres privilèges.
- Les enveloppes de réexpédition : petit et grand format, on peut les acheter à son bureau de poste et les fournir à la personne à qui il est demandé de réexpédier le courrier.

Quelles sont les caractéristiques de Genius ?

- Pour accéder aux services de Genius, il faut s'adresser à La Poste. Genius permet de trouver le professionnel de confiance qui pourra décharger le particulier de certaines tâches de la vie quotidienne (ménage, repassage, petit bricolage, entretien de la maison, jardinage, garde d'enfants, soutien scolaire, aide pour les personnes âgées, assistance informatique et internet…).
- Le service se présente sous la forme d'une carte de mise en relation garantie dont le coût est défiscalisable à 50 %, au même titre que les services à la personne auxquels elle donne accés. Genius est accessible sous deux formes : **service illimité** (pour des besoins de services multiples, tout au long de l'année, à 30 € TTC sur 1 an) ; **service à la demande** : (pour un service précis, une réponse à un besoin immédiat et unique, à 9,50 € TTC).

GENIUS, UN EXEMPLE DE SERVICES À LA PERSONNE

La lettre

Qu'elle soit administrative, commerciale ou privée, la lettre demeure un moyen de communiquer très utilisé de nos jours. Elle doit être lisible pour que le message soit bien compris. Si son contenu reste personnel, sa présentation suit certaines règles précises. Savoir la commencer et la terminer fait souvent gagner du temps.

À quels codes obéit une lettre ?

La formule d'appellation doit être adaptée au destinataire :
– pour un destinataire homme : « Monsieur », pour une femme : « Madame ». Lorsque l'on ignore le sexe du destinataire, on peut utiliser la formule : « Madame, Monsieur ». Dans tous les cas, on évite le « Cher Monsieur » ou « Chère Madame » qui est inadapté lorsque l'on n'a pas de relations personnelles avec son interlocuteur ;
– pour un élu : « Monsieur le Maire » / « Monsieur le Député » ;
– pour un médecin : « Docteur ».

La rédaction de la formule d'attaque dépend de l'objet de la lettre.
– Pour l'envoi d'un document : « J'ai l'honneur de vous faire parvenir... »
– Pour une demande : « Je vous serais reconnaissant de bien vouloir... »
– Pour une réclamation : « J'ai le regret d'attirer votre attention sur... »
– Pour des excuses : « Je regrette de ne pouvoir... »

La rédaction de la formule de politesse doit être adaptée à l'objet de la lettre et à son destinataire.
Exemples : « Je vous prie de recevoir l'assurance de mes sentiments respectueux » prouve qu'il s'agit d'une relation « d'inférieur » à « supérieur ».
« Je vous prie de recevoir l'assurance de ma gratitude » prouve que l'on remercie quelqu'un.

Comment présenter une lettre ?

Le papier. Il vaut mieux utiliser un papier blanc (parce que neutre), non ligné, de dimension 21 x 29,7 cm (format A4).

La disposition. Une fois les marges repérées, on peut diviser la feuille, de haut en bas, en deux parties :
– un premier tiers est réservé aux mentions annexes : les références de l'émetteur et celles du destinataire, la date ;
– deux autres tiers sont destinés au corps de la lettre, à la signature.

Comment présenter une enveloppe ?

Le nom du destinataire : écrire en toutes lettres « Monsieur », « Madame » ou « Mademoiselle ».

S'il s'agit d'une entreprise, inscrire la raison sociale de la société, suivie éventuellement de l'intitulé du service ou du nom de la personne que l'on veut contacter.

Si le correspondant habite chez une tierce personne : « Claude Martin, chez Monsieur Valentin » ; ou « Claude Martin aux bons soins de Monsieur Valentin ».

MODÈLE DE LETTRE

1 → La classe de Terminale
du Lycée Val d'Allier
S/C de M. le Proviseur
15, rue de Beaupuy
03150 VARENNES/ALLIER
Tél. : 04 70 45 03 81

Varennes, le 19 janvier 2007

à Monsieur le Maire
Place de l'Hôtel-de-Ville
BP 11
03150 VARENNES/ALLIER ← 2

3 → OBJET : Réalisation d'un projet

Monsieur le Maire,

La classe de Terminale Carrières Sanitaires et Sociales a l'honneur de vous informer d'un projet qui impliquerait votre commune.

4 → Celui-ci aurait pour objet cette année de faire participer des personnes âgées à une exposition concernant l'histoire de votre ville. C'est pourquoi nous vous demandons si vous pourriez nous apporter une aide financière, matérielle (prêt d'une salle, de panneaux, d'un véhicule avec mise à disposition d'un chauffeur pour nos déplacements à l'intérieur de votre ville, de documents concernant l'histoire de Varennes…).

5 → Nous vous prions d'accepter, Monsieur le Maire, nos salutations respectueuses.

La classe de Terminale
Carrières Sanitaires et Sociales

1 Nom et adresse de l'auteur de la lettre.
2 Nom et adresse du destinataire.
3 La raison pour laquelle on envoie la lettre.
4 Le corps de la lettre où figurent les explications détaillées.
5 La formule de politesse adaptée au destinataire.

La lettre recommandée sans avis de réception

Un objet peut être envoyé en recommandé, c'est-à-dire avec la certitude qu'il sera remis au destinataire. Il peut s'agir d'une lettre ou d'un colis. Pour cette opération, plusieurs documents doivent être remplis au bureau de poste. La preuve de dépôt permet de conserver une trace de l'envoi.

À quoi sert la lettre recommandée ?

La lettre recommandée prouve que l'on a bien envoyé la lettre.

Comment procéder pour envoyer une lettre recommandée ?

▬ Le processus d'envoi d'une lettre recommandée sans avis de réception de La Poste se déroule en 5 étapes :
1. On se rend dans un bureau de poste.
2. On remplit un formulaire d'envoi recommandé sans avis de réception.
3. On donne la lettre et le formulaire d'envoi recommandé au préposé.
4. On règle le montant de la taxe de recommandation.
5. Le préposé remet immédiatement une preuve de dépôt au client.

▬ Il est aussi possible d'utiliser le service de lettre recommandée électronique de La Poste via le site « www.laposte.fr » depuis n'importe quel ordinateur connecté à Internet. Ce service est disponible 7 jours sur 7 et 24 heures sur 24. La Poste se charge de l'impression, de la mise sous enveloppe en toute confidentialité et de la distribution par le facteur.

Le processus d'envoi d'une lettre recommandée électronique de La Poste se déroule en 4 étapes :
1. la 1re étape permet de sélectionner le document à expédier ;
2. la 2e étape permet de spécifier si le destinataire est un particulier ou une entreprise ;
3. la 3e étape permet de visualiser le document qui a été imprimé (la preuve électronique du dépôt est envoyée sur la boîte électronique de l'expéditeur) ;
4. la 4e étape permet d'effectuer le paiement par carte bancaire.

Toute la transaction peut être imprimée.

Combien coûte une lettre recommandée ?

▬ Le prix varie en fonction :
- du poids de la lettre ;
- du taux de recommandation, c'est-à-dire de l'indemnité que l'on désire recevoir au cas où La Poste perdrait la lettre.

▬ Le prix d'une lettre recommandée électronique varie en fonction de plusieurs critères : nombre de pages à envoyer, adresse de destination (France Métropolitaine ou DOM), utilisation ou pas d'un avis de réception…

FORMULAIRE D'ENVOI D'UN RECOMMANDÉ SANS AVIS DE RÉCCEPTION

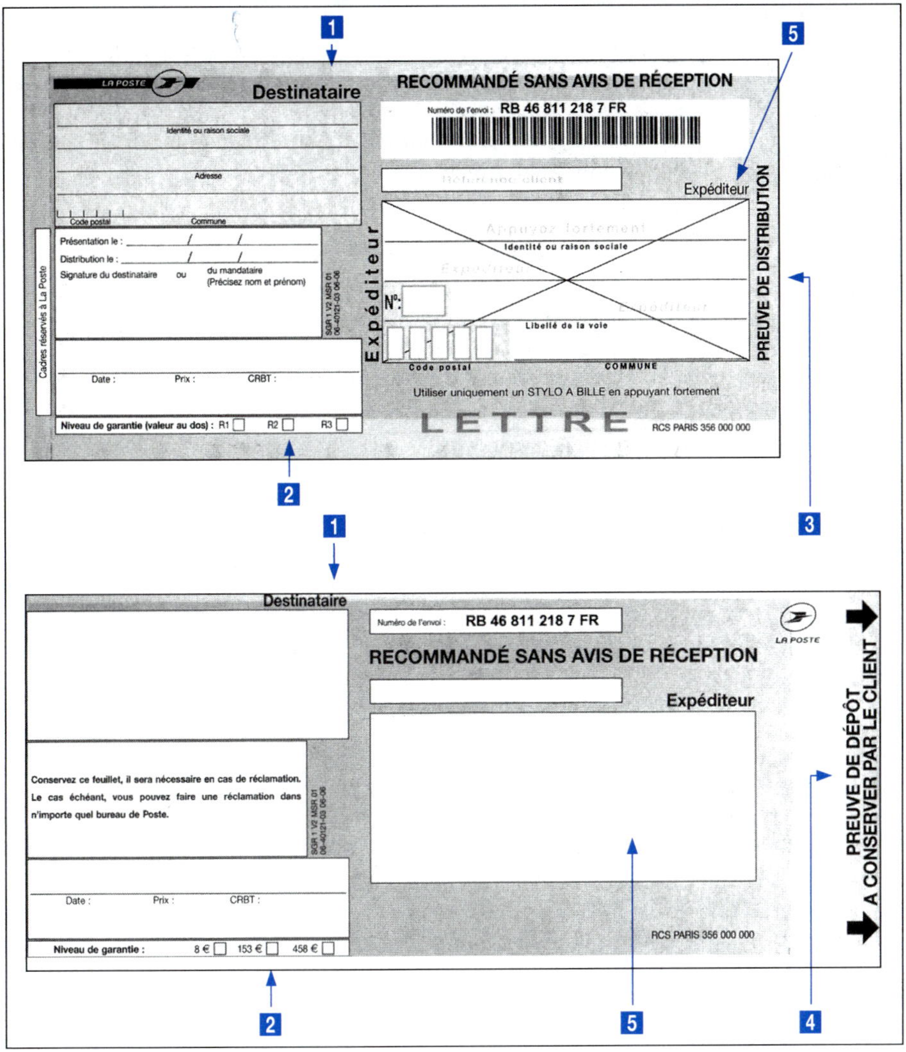

1 Nom (écrit en lettres majuscules), prénom et adresse de la personne qui recevra la lettre recommandée (le destinataire).

2 Cocher l'une des trois cases en fonction du montant de l'indemnisation en cas de perte.

3 Dès que la lettre recommandée est remise à son destinataire, la preuve de distribution est archivée au bureau de poste concerné.

4 Quand on adresse une lettre recommandée, le préposé remet un feuillet (la preuve de dépôt) que l'on doit conserver.

5 Nom (écrit en lettres majuscules), prénom et adresse de la personne qui envoie la lettre recommandée (l'expéditeur).

La lettre recommandée avec avis de réception

L'envoi avec avis de réception est une possibilité offerte par La Poste pour faire parvenir une lettre à un correspondant. En recevant cet avis de réception, l'expéditeur a la preuve que le destinataire a bien reçu son envoi.

À quoi sert la lettre recommandée avec avis de réception ?

La lettre recommandée avec avis de réception prouve que la lettre envoyée a bien été reçue par la personne à laquelle on a écrit : le destinataire.

Comment procéder pour envoyer une lettre recommandée avec avis de réception ?

Le processus d'envoi d'une lettre recommandée avec avis de réception se déroule en 5 étapes :
1. On se rend dans un bureau de poste avec la lettre.
2. On remplit en une seule fois, avec un stylo bille et en appuyant fortement, un formulaire jaune et gris qui comprend cinq feuilles (la preuve de distribution ; l'avis de passage ; la preuve de dépôt ; l'avis de réception ; la souche autocollante).
3. On donne la lettre et le formulaire remplis au préposé.
4. On paie le montant de la taxe de recommandation.
5. Le préposé remet aussitôt « la preuve de dépôt » que l'on doit impérativement conserver. Il sera demandé en cas de réclamation.

Remarques : la personne qui reçoit la lettre date et signe la preuve de distribution et l'avis de réception. Cet avis de réception est renvoyé à l'expéditeur. Il faut le conserver ; il est la preuve que la personne à laquelle on a écrit a bien reçu la lettre. Si la personne qui doit recevoir la lettre est absente, le facteur lui laisse un avis de passage.

Qu'est-ce que le « Prêt-à-recommander suivi » ?

Le Prêt-à-recommander suivi présente les mêmes avantages qu'une lettre recommandée avec avis de réception mais intègre en plus le suivi (c'est-à-dire le fait de connaître à tout moment la date de distribution et le motif de non-distribution).
C'est un produit qui contient le support pour écrire, l'enveloppe et l'affranchissement.

FORMULAIRE D'ENVOI ET AVIS DE RÉCEPTION

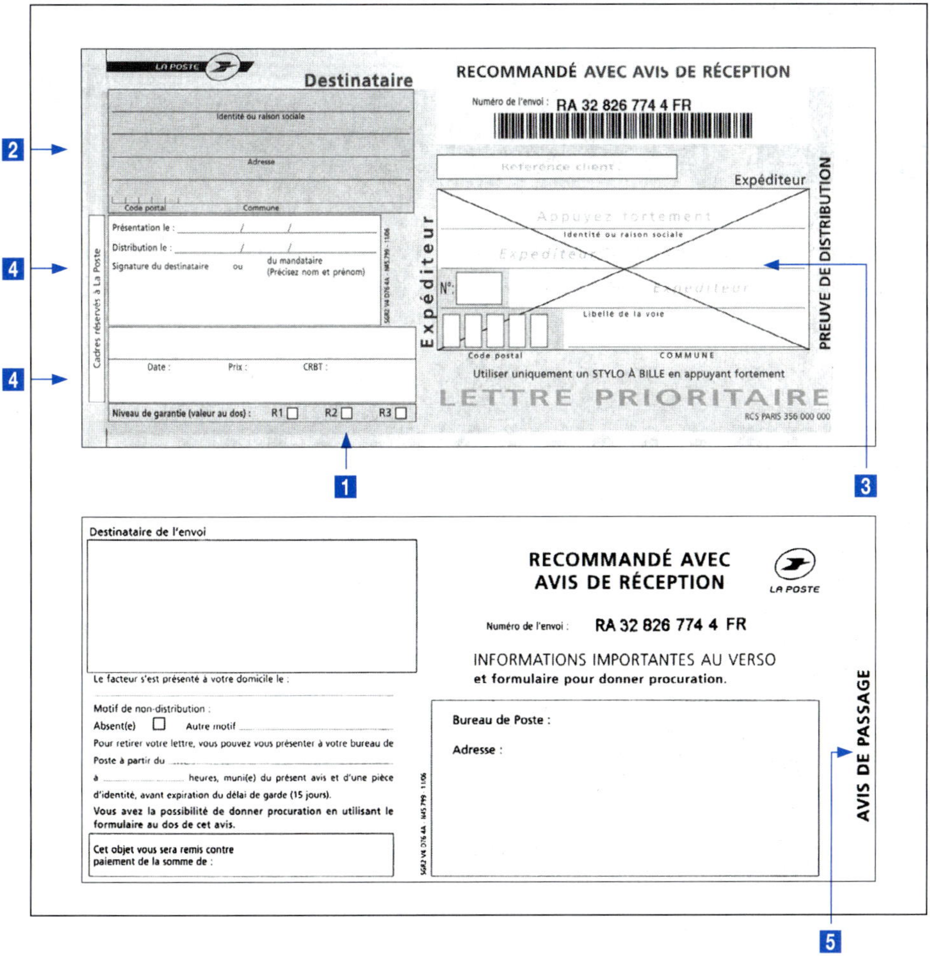

1 Il y a trois taux de recommandation pour la France (R1, R2, R3) en fonction du montant de l'indemnisation en cas de perte.

2 Dans ce cadre, écrire lisiblement :

– le nom et le prénom de la personne ou le nom de la société à qui l'on écrit (le destinataire) ;

– le numéro de l'habitation et le nom de la rue du destinataire ;

– le code postal suivi de la ville dans laquelle habite le destinataire.

3 Dans ce cadre, écrire lisiblement :

– son nom et son prénom ;

– le numéro d'habitation et le nom de la rue dans laquelle on habite ;

– le code postal suivi du nom de la ville dans laquelle on habite.

4 Ne rien écrire dans ces cadres.

5 Lorsque le facteur remet un objet recommandé et que l'on est absent, il laisse dans la boîte aux lettres un avis de passage.

Remarque : on dispose d'un délai de 15 jours pour aller chercher l'envoi recommandé au bureau de poste. Il faut se munir d'une pièce d'identité et de l'avis de passage.

Le mandat postal

Certaines factures comme celles du téléphone, de l'électricité ou encore les assurances peuvent être payées directement au bureau de poste. Le mandat postal est un formulaire qui offre cette possibilité de règlement. D'une utilisation simple, il convient cependant de respecter certaines règles.

À quoi sert un mandat postal (ou mandat cash) ?

Un mandat postal sert à verser une certaine somme d'argent à une autre personne.
C'est la Banque postale qui se charge de faire ce versement.
Il permet de régler fournisseurs et créanciers même s'ils ne possèdent pas de compte bancaire.
Les fonds sont reçus dès le lendemain du dépôt.
Le mandat cash est limité à un montant maximum de 1 500 €.

Comment procéder pour envoyer un mandat postal ?

1. Se rendre dans un bureau de poste.
2. Remplir le bon formulaire.
3. Donner au préposé la somme d'argent en espèces que l'on peut envoyer.
4. Payer le montant de la taxe pour le service.
5. Garder le récépissé que le préposé vous remet.
6. Adresser le « titre à remettre à l'expéditeur » à la personne à laquelle on a envoyé la somme d'argent.

Remarque : en cas de disparition du volet d'envoi, il est possible de faire opposition.

Quelles sont les différentes sortes de mandats postaux ?

- Le mandat cash : on effectue un versement en espèces dans un bureau de poste et on envoie au bénéficiaire le titre qui lui est destiné.
Un mandat cash comprend trois feuillets :
– l'un est remis par La Poste à l'expéditeur qui doit le transmettre au bénéficiaire pour que ce dernier puisse toucher la somme inscrite sur le mandat ;
– le deuxième est conservé par le bureau de poste ;
– le troisième est un récépissé que doit garder l'expéditeur.
- Le mandat cash urgent : c'est un moyen plus rapide que les autres mandats pour envoyer des fonds. Dans ce cas, la personne peut toucher la somme d'argent dans un délai de 2 heures.
- Le mandat international : il est réservé à la transmission de fonds vers l'étranger.

Comment le mandat cash est-il payable ?

Il est payable (dès le lendemain ouvré du jour d'émission) au choix du bénéficiaire :
– en espèces dans n'importe quel bureau de poste offrant le service ;
– à domicile, par l'intermédiaire du facteur, si le montant est inférieur à 150 € ;
– par crédit du compte courant postal du bénéficiaire.

FORMULAIRES DE MANDATS POSTAUX

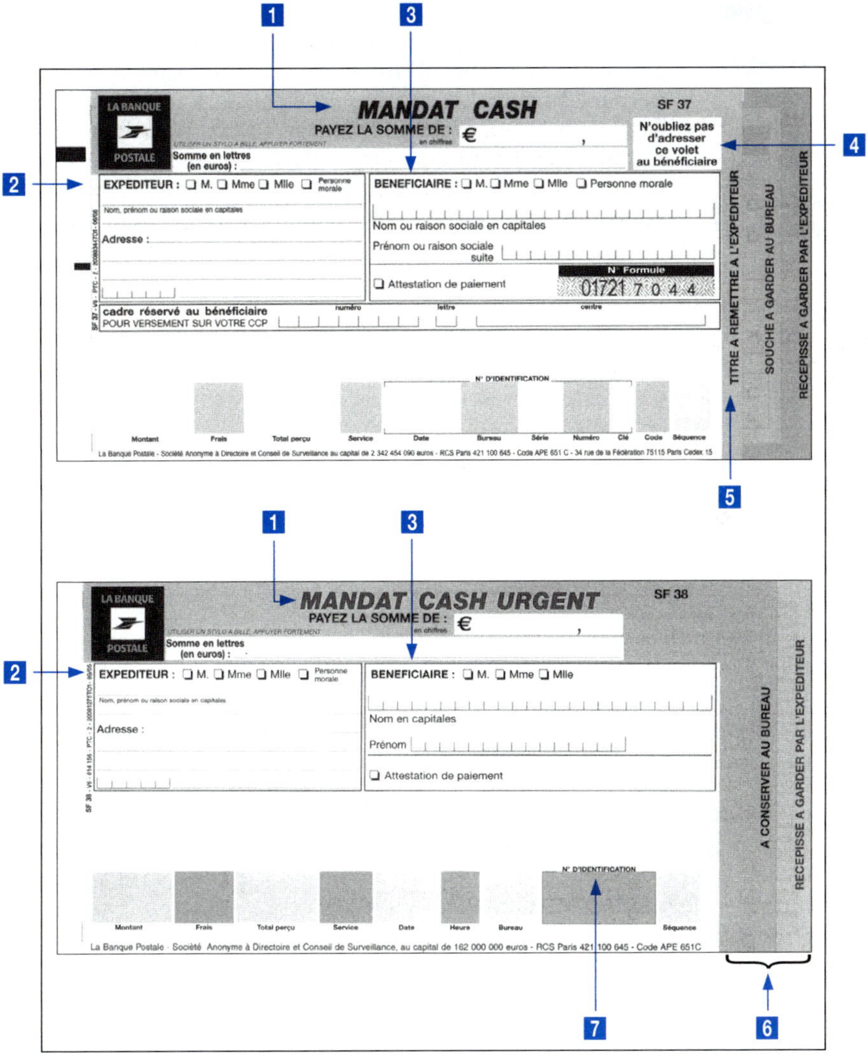

1 On a le choix entre le mandat cash et le mandat cash urgent.

2 Nom et adresse de la personne qui envoie le mandat (l'expéditeur).

3 Nom et adresse de la personne qui recevra l'argent du mandat (le bénéficiaire).

4 Grâce à ce volet, le bénéficiaire pourra aller retirer le montant du mandat cash dans n'importe quel bureau de poste.

5 Pour obtenir le paiement, le bénéficiaire doit présenter une pièce d'identité ainsi que le titre transmis par l'expéditeur.

6 Le mandat cash urgent ne comprend que deux feuillets.

7 L'expéditeur communique au destinataire le numéro d'identification confidentiel (composé de 6 caractères) par tout moyen à sa convenance. Le bénéficiaire pourra ainsi recevoir les fonds en espèces dans n'importe quel bureau de poste en indiquant ce numéro d'identification et en présentant une pièce d'identité.

Internet

De nos jours, la vie familiale et professionnelle s'organise autour des nouvelles technologies. Les messages électroniques permettent de communiquer rapidement. L'achat sur Internet est un moyen pratique et rapide de faire ses courses à domicile en prenant un certain nombre de précautions. On peut aussi s'informer rapidement grâce aux moteurs de recherche qui permettent d'accéder à des sites de toutes sortes.

Comment s'abonner à Internet ?

Plusieurs fournisseurs d'accès (Club Internet, Neuf, Télé 2, Budget Télécom, Alice, AOL, Darty, Free, Orange…) proposent un certain nombre d'offres dont les prix varient selon les formules choisies.
On peut, en fonction de ce qu'on désire, choisir, par exemple :
- uniquement le haut débit (20, 24, 28, 30… mégaoctets selon les cas) ;
- le haut débit + le téléphone illimité ;
- le haut débit + le téléphone illimité + la TV à la demande, etc.

Pourquoi les prix diffèrent-ils selon les fournisseurs d'accès ?

Les prix diffèrent car les fournisseurs n'offrent pas les mêmes options. (Certains proposeront un antivirus, d'autres non ou alors ils proposent cette option mais moyennant un supplément. Il en est de même pour l'Antispam, le système Wifi…)

Que peut-on faire grâce à Internet ?

Les possibilités sont multiples, à condition d'intégrer dans l'ordinateur les logiciels adéquats. On peut, par exemple :
- faire des démarches sur d'innombrables sites ;
- télécharger de la musique ;
- faire des jeux vidéo ;
- avoir accès à un service de vidéos disponible à toute heure ;
- créer un blog ;
- discuter avec d'autres internautes, etc.

Comment acheter sur Internet ?

■ Le commerce électronique est un moyen pour réaliser un achat. Il permet :
- de rechercher et de comparer rapidement les caractéristiques et les prix d'un produit sur différents sites ;
- de communiquer avec des internautes pour connaître leurs avis (favorables ou défavorables) sur le produit qui nous intéresse.

■ Il faut cependant prendre des précautions :
- en sécurisant le paiement lorsqu'on transmet son numéro de carte bancaire ;
- en prenant connaissance de tous les frais annexes.

NAVIGUER SUR INTERNET

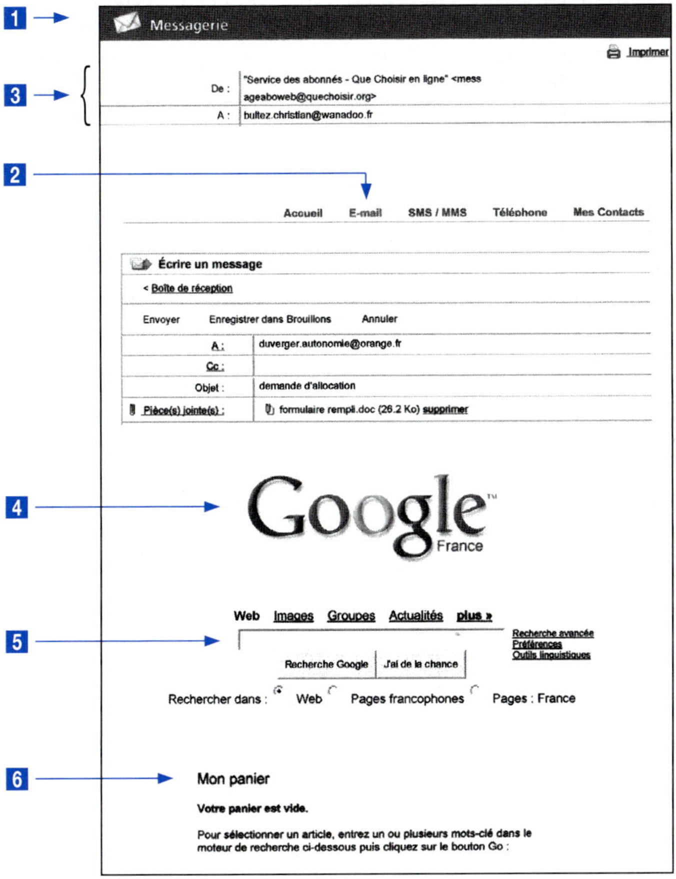

1 Dès qu'on s'est connecté sur l'opérateur choisi (ex. : orange), un écran met en évidence le mot « Messagerie » sur lequel on peut cliquer pour découvrir les messages reçus ou pour en envoyer.

2 On emploie en français le terme « courriel » ou l'expression « courrier (ou message) électronique ».

3 Adresses électroniques de l'émetteur (celui qui envoie le message) et du récepteur (celui qui le reçoit).

4 Nom du moteur de recherche (ou navigateur) qui permet d'obtenir de multiples informations grâce à Internet. D'autres moteurs existent, comme Voilà, Altavista, Lycos France.

5 On peut taper dans le cadre un ou plusieurs mots-clés en essayant de cerner le sujet au plus près. On peut aussi faire une recherche thématique. (Certains moteurs possèdent un annuaire qui présente les thèmes allant du général au particulier. *Ex.* : Santé – Médecine – Alzheimer.)

6 Internet permet aussi de réaliser des achats que l'on stocke dans « Mon panier ». Pour payer ces achats, il faut donner le numéro de sa carte bancaire et les trois derniers chiffres du numéro qui figure au dos de celle-ci.

Remerciements à : Jean-Marie Baheux -
Luc Biencourt - Bernadette Bouchane - Christian Brugeaud -
Huberte Chouly - Jean-Christophe Joërg - Jean-Baptiste de Maistre -
Xavier Mauratille - Jean Morisset - Geneviève Robisco

Édition : Laurence Accardo, Laure-Hélène Accaoui
Maquette : Favre-Lhaïk, Thierry Méléard
Maquette de couverture : Favre-Lhaïk, Thierry Méléard
Photocomposition, Photogravure : Compo 2000 - Saint-Lô
Fabrication : Jean-Marc Le Bolloc'h

N° d'Éditeur 10139095 - C2000 - Août 2007
Imprimé en France par EMD S.A.S. - 53110 Lassay-les-Châteaux
N° d'imprimeur : 17621